三板斧

阿里巴巴管理之道

天机（李川） 著

電子工業出版社
Publishing House of Electronics Industry
北京•BEIJING

内容简介

本书是一部探讨与总结阿里巴巴内部实战管理的书籍，它不是一个基于完备管理体系的理论，而是一套来自于阿里巴巴创业即发展十五年的点滴实战的复盘。本书讲述的是阿里巴巴自从创业初期就一直坚持的管理原则与方法，而且到目前为止依然在坚持的策略，相信也是指导未来阿里巴巴进一步发展的核心力量。同时难得的是，这套体系是一个几十人的团队，乃至于几万人的组织都适应的、验证过的管理原则与实战精髓。

三板斧对于互联网企业、电商企业和传统企业转型会有积极的参考意义。

图书在版编目（CIP）数据

三板斧：阿里巴巴管理之道 / 天机著. —北京：电子工业出版社，2016.4
ISBN 978-7-121-28137-2

Ⅰ. ①三… Ⅱ. ①天… Ⅲ. ①电子商务—商业企业管理—经验—中国 Ⅳ. ①F724.6

中国版本图书馆CIP数据核字（2016）第025485号

责任编辑：张月萍
印　　刷：中国电影出版社印刷厂
装　　订：三河市良远印务有限公司
出版发行：电子工业出版社
北京市海淀区万寿路173信箱　　邮编：100036
开　　本：720×1000　1/16　　印张：13.5　　字数：138千字
版　　次：2016年4月第1版
印　　次：2021年9月第19次印刷
印　　数：37001~38500册　　定价：59.00元

凡所购买电子工业出版社图书有缺损问题，请向购买书店调换。若书店售缺，请与本社发行部联系，联系及邮购电话：（010）88254888，88258888。

质量投诉请发邮件至zlts@phei.com.cn，盗版侵权举报请发邮件至dbqq@phei.com.cn。

本书咨询联系方式：（010）51260888-819，faq@phei.com.cn。

专家热评

天机的三板斧，让大家窥视了阿里的管理理论。期待能给大家带来更多的思考和案例。

——聚美优品创始人　陈欧

天机老弟是正和岛上最受欢迎的80后岛亲之一，他的这“三板斧”结结实实泄露了阿里巴巴的管理“天机”！

——正和岛创始人　刘东华

“三板斧”于企业，是绝佳的管理方法；于个人，是境界、眼界的全面提升。

——歌瑞尔创始人　张翔

老方谈过，往往看一个团队的“精气神”，大概就能知道这家企业有没有戏。“三板斧”可算是阿里文化的精气神，一旦团队中的每一个人成为这种精气神的践行者，它就是一家企业打胜仗的杀手锏，可进可退，可攻可防。

——汇美集团董事长兼CEO、茵曼品牌创始人　方建华在我看来，一个企业初创，具体干啥生意，是考验创始人“从零到一”的武功，而一旦有了团队，便开始考验“从一到十”的修炼。而“三板斧”是团队成长和跨越的“北冥神功”，修炼妥当，内力满满，获益无穷！

——阿芙精油、河狸家创始人　雕爷

管理有些时候就是一个扯淡的事情，优秀的人在一起不需要管理，因为他们自己自然就会找到最合适的位置与状态！不要形式化管理，而要去发现内心力量的源泉！水到了渠自然成，心到了事自然成！天机这厮，自然成！！

——著名天使投资人　薛蛮子

管理的核心就是解放人，解放人性！韩都衣舍基于互联网的管理创新，就是基于这样的思考！精心设计制度与系统，并且借助互联网工具力量才可以真正发挥管理价值！阿里巴巴的管理是我们众多互联网品牌的学习对象，期望天机的分享能够普及最原汁原味的阿里味！

——韩都衣舍创始人　赵迎光

这是天机在阿里多年浸透的提升互联网企业团队执行力的秘诀，值得一读。

——弘信资本创始人　高建明

上次在优米网现场体验了由天机主导的“三板斧”课程，很震撼很实用！

——锐仕方达猎头创始人兼CEO　黄小平

阿里巴巴过去十六年取得了举世瞩目的高速发展，除了碰到中国互联网高速发展的历史机遇之外，它之所以能从杭州作为互联网的外围公司发展成为中国最大的互联网公司，很重要的一个原因是阿里巴巴在早期就明确了自己的使命和价值观，以及不断完善自己的管理思想。因此阿里巴巴的管理实践对中国公司的发展具有很重要的指导意义。

——挖财CEO　李治国

天机初露三板斧，橙系江湖起风云，金麟岂是池中物，一遇风云化作龙。

——环球渔场创始人　东海武松

第一次参加阿里巴巴培训是2011年，天机就是我们的班主任，深刻感觉到阿里巴巴企业文化的无限魅力。在我做淘宝、天猫这些年来，天机老师给了我很多帮助和指导，遇见天机老师是我一辈子的福气！我相信天机老师的管理三板斧一定会给大家带来更加精彩的管理之道。

——中国旗袍先生、超级演说家　崔万志

感谢天机老友把阿里巴巴成就伟业的管理实战与操作办法及体会心得，系统地分享给大家！

——暾澜投资创始人　李甲虎

管理是艺术与技术动态结合的产物，掌握合适的管理方法更可以高速提升经营效率。

——线性资本创始人　张川

我认识的李川（天机）就是一个语速很快，反应敏捷，烙印着阿里文化，充满激情和活力的人。他要做的事情就是搭建一个阿里和电商商家之间的生态桥梁，我相信他一定可以做得很好。

——云峰基金合伙人　朱艺恺

前言：管理的真相是什么?

“三板斧”是阿里巴巴的一门培训课程。形象一点的比喻，分别是：“揪头发”——指组织中的向上思考；“照镜子”——指团队中的自我认知；“闻味道”指发展中的精神融合。这三点，说的是在组织中的管理者，如何通过管理团队的力量，成就自我的成长与整个管理团队的发展。

区别于“Hire&Fire”（招人才）、“Team Building”（建团队）、“Get Result”（拿结果）狭义的团队管理概念，三板斧是一个更加重要的关于管理管理者的方法与系统。

那么管理的真相是什么？

大家都知道优秀管理者应该是什么样子，但为什么我们做不到?

“一个优秀的管理者，是通过成就别人来成就自己的。”对于这句话的理解，有三个不同的层次，每一个层次都代表着一种新的对管理境界的理解与提升，每一个层次的实践和真正达成，都是因为战胜自我之后拥有了一个更加强大的自我。

第一层，一个管理者是通过成就自己团队的成员，通过给予团队成员机会、支持团队成员发展、辅导团队成员进步，最终成就了团队成员的价值，而获得自己作为管理者的价值。

而这一关的难点在于，绝大多数的管理者是从一个优秀的专家成长起来的，也就是我们所说的高P（注：M是管理岗位），而高P习惯于什么事都自己来处理，这样短期看起来最有效率，并且容易获得工作上的成就感。而当转变成为管理者之后，要甘于在幕后的寂寞，耐得住性子容忍团队成员犯错，那绝对是一个超级大的挑战。从主角变成幕后，从自我到成就他人，是需要非常强大的内心上的取与舍才能达到的，也就是说管理者的第一关，是拥有强大自我之后的无我。

所以，穿过管理者的迷雾，我们发现优秀的管理者，是在管理自己的内心欲望。

第二层：一个中高层的管理者一定要理解，优秀的管理者是通过自己团队的努力，成就其他团队的价值。

我们所有的子团队都是大团队达成最终目标的一个环节和一个组成部分，我们彼此是对方的土壤，是价值传递中不可或缺的一个价值创造者。这一关最难的是，自己的团队兢兢业业，但好像最后只是做了别人的垫背。每个人都希望在一个大的团队中掌控资源，成为利益的最大受益者，这是人之常情，同时也是对管理者的一个最大的考验。就像一棵树，一定会有树根、树干、树枝、树叶，还会开花与结果；如果我们只追求自己团队的利益，谁都愿意成为万紫千红的花朵，甜美水润的果实，那么怎么会有人愿意成为那个每天在暗无天日、潮湿恶臭的土壤中生活的树根呢？最能懂得系统的运营体系，最能牺牲自己的人反而才是整个大团队最有价值的核心。说起来简单，但有我不入地狱谁入地狱的境界本来就足够惊世骇俗，而且要求领导者带着一帮也有七情六欲、自我价值最大化的正常人干这种明显看起来不正常的事情，岂不比登天还难。

所以，穿过管理者的迷雾，我们发现优秀的管理者，是在管理自己的内心涅槃。

第三层：一个高层的管理者是通过成就体系之外的价值，来成就体系内的价值的。

德鲁克说过：系统的价值体现在系统之外。所以我们会看到阿里巴巴的价值观中，第一条的价值观就是“客户第一”。好啦，我们是不是在几乎所有的地方都会看到类似这样的话：客户就是上帝。但这点做起来真难。上次和一位天猫优秀的商家聊天，他说现在做电商真难，想满足那些价值敏感的客户，结果价格低了品质必然跟不上；想满足那些追求品质的客户，品质上了价格在行业内又没有优势；想促销吸引新客户，结果又怕得罪忠实的老客户；想吸引求新款的客户，结果没有销量也就没有流量和展示机会……那个纠结啊，有两个问题直接掐在我们管理者脖子上：到底谁是我们的客户，我要干掉什么客户？当公司利益和客户利益或者整个行业利益受损失的时候，你的选择是什么？要虎口夺食，壮士断腕；忍痛割爱，成就敌人；要力排众议，孤力支撑，太难了。尤其是当你身边多年生死与共的兄弟，所有爱你跟随你的人都在以爱的名义保护你和成就你的时候，你要坚持内心的那点坚持。即使多年心血可能付诸流水的时候，还能坚持你的那点坚持，太难了。

所以，穿过管理者的迷雾，我们发现优秀的管理者，是在管理自己的内心信仰。

所以，所有伟大的管理者，都是一个伟大的自我管理者。

本书的配套资源下载地址：http://read.zhiliaobang.com/pages/article/42

目录

第一章 三板斧管理之道解读

Chapter

管理者的三板斧，力在塑造一个内心强大的、视人为人的、使命驱动的优秀中层管理者，通过组织和平台的力量，打造企业管理团队的梯度成长和发展的基础，并在管理者成长中，真正促进整个组织的成长。通过“揪头发”开阔一个管理者的“眼界”；通过“照镜子”来修炼一个管理者的“胸怀”；通过“闻味道”来修行一个人的“心力”。

第一节　三板斧的起源

三板斧的由来

马云认为他和马化腾、李彦宏的差别是：马化腾和李彦宏在产品和技术方面有优势，但他自己最厉害的地方是懂得管理、组织和人心，这是马云成就阿里巴巴最核心的要素。

为什么有三板斧？马云认为只有管理层有梯度、有系统的成长模式才是公司发展的核心所在，所以在历年阿里巴巴的变革过程中都伴随着大型的人事调动，比如2008年所有原来的高管都留学或者转岗，但是阿里巴巴还是发展得很好。

2014年，当阿里巴巴集团上市后，整个高管层又重新进行置换，七零后成为了高管的带头人，公司业务发展得很顺畅。这里面的核心是：阿里巴巴有一个非常系统的组织和文化传承的模式。

马云曾经讲过，中国幅员最辽阔的时代是在元朝，元朝没有很厉害的元帅，也没有像关羽、张飞、吕布这样的猛将，为什么元朝拥有史上最辽阔的土地？因为元朝的十夫长、百夫长都非常厉害。这些管理10人、100人的中基层管理者，他们每天和自己的团队吃在一起，喝在一起，玩在一起，大口吃肉，大碗喝酒，他们带领团队，打仗的时候互相照应、支持，战无不胜，攻无不克，以一当十。这些人后来成为了蒙古军队的核心所在。

马云非常重视公司的人才培养和组织发展，这和他之前当老师有很密切的关系，他认为很重要的是在公司内部做技能和文化的传承。在公司管理层的培养上，马云提出了对管理层不同阶段的三板斧体系，马云以其特点和风格进行了命名。

何为三板斧?

三板斧针对三个不同的级别：基层管理者、中级管理者、高

层管理者。

针对基层管理者的三个指标：定目标、追过程、拿结果。

（一）定目标，我们要知道自己和团队的目标，每个人都是清晰的。

（二）追过程，在过程中，需要持续改进和反馈。

（三）拿结果，基层管理者在每个阶段都能够打仗，最终拿到结果，以结果方式付酬，为结果鼓掌。

针对中层管理者有三个指标：fire and hire，team building和get result。

（一）fire and hire：在阿里巴巴，招人是管理者的事情，如果管理者找不到合适的人才就不是好的管理者。同时管理者要会开除人。

（二）team building：中层管理者必须要打造一支团队，给你一群人就可以管好。马云说，不要说他们是笨蛋，因为他们本来就是笨蛋，但是三年之后还是笨蛋，那么你就是笨蛋。所以给你一群人，你就应该把他们培养好。

（三）get result：这个结果和针对基层管理者的拿结果不一样。我们认为过程也是结果，人也是结果，项目也是结果。我们既要人的结果，也要事的结果，这叫get result。

针对高层管理者的三个指标：揪头发，照镜子，闻味道。

（一）揪头发：一个人会向上思考，这是眼界，往往屁股决定脑袋，但是我们不仅要基于自己的位置去思考做事，更要跳出自己的位置思考问题，比如站在老板的角度。

（二）照镜子：我们要成为别人的镜子，告诉别人，你有什么问题，也要让别人可以随时照到你，能够让彼此在这样的土壤中互相持续性地成长。

（三）闻味道：你要比别人更敏感地发现尚未萌芽的问题。而且你要能够发现很多别人还没有发现的事，它既代表你对未来的判断，也代表你个人在灵魂、哲学、精神上的思考，这是闻味道。

三板斧经过多年的演化，从最早期的讲课模式逐渐演化为现在以实战演练为核心，不仅推进业务和项目的发展，更重要的是，推进团队的认知统一以及团队的融合和打造。

在阿里巴巴，每个管理者每年都会接受一到两次的三板斧培训，大家对三板斧的培训既期待又恐惧。期待是因为每次三板斧都有很大收获和变化，经过三板斧的锻炼能得到很多感悟，并且在实践过程中都有很明显的改进。恐惧是因为三板斧三天三夜72个小时几乎不能睡觉，很多人觉得压力很大，这种恐惧和期待的项目成为了所有阿里人的炼狱，也成为所有阿里人真正可以自我变革、自我成长的核心战场。

三板斧成就了阿里巴巴从18人到30000人的组织的发展，成就从一家白手起家的公司到全球最大的互联网上市公司的传奇历程，这不仅是阿里巴巴的财富，也是整个互联网行业的财富，乃至整个时代的财富。每个时代都有其管理精神和管理思想，比如美国的科学管理之父德鲁克促进了美国新时代和新科技的发展；戴明博士精益管理模式促进了整个日本工业文明的发展。我们非常期待在中国互联网+的产业转型中，阿里巴巴三板斧管理之道能够成为中国迈向未来的商业格局的核心思想和核心推动力。

三板斧互联网管理之道——从未来出发，从现在开始，开启新的商业文明，开启新的商业时代，开启新的管理时代。

第二节　三板斧的定义与详解

阿里巴巴三板斧有三个阶段。

- 基层管理者：定目标、追过程、拿结果
- 中层管理者：hire and fire、team building、get result
- 高层管理者：揪头发、照镜子、闻味道

关于基层管理者

（一）定目标。给团队定目标，要明确地告诉他们，我们希望在三天结束之后拿到的结果是什么。三天之后要什么，需要形成统一的认识，那些项目计划书需要哪些模块，所以把目标定下来。团队最大的问题是没有目标，没有目标导致团队成员漫无目标的等待，但是一旦等下去事情就会散。即使目标是错的，也比没有目标好。

明朝开国皇帝朱元璋得天下之后，有人问他：你管理的要素是什么？朱元璋说，管理就四个字：名、仁、勤、乱。名，是让自己和所有的人都知道目标是什么，不要做昏君，昏君是自己也不知道目标，别人也不知道。仁，除了有仁爱，同时要有“杀伐”。勤，老板一定要勤快，一定要做标杆和标榜，老板如果很闲散，团队就没有战斗力。断，当断不断，反受其乱，该拍板就拍板。所以目标要定清晰。在为期三天的三板斧培训中，每天晚上结束前，我们要对组员进行271的排序，所以你要告诉他们为什么要排271，一开始要告诉他们你的标准是什么。

（二）追过程。除了定目标，还需要知道是如何分工的，在实施过程中团队会遇到各种问题，理解或者不理解，快或者慢。一定要追踪每个细节和过程，前面越清晰，越知道问题在哪里，如果前面都不清晰，将会导致连问题都不知道在哪里。所以现场管理非常重要，一定要到现场看。

（三）拿结果。一线管理人员在每个阶段都要拿出明确的结果，否则就是不达标。曾经有两个登山队爬雪山，一个登山队说天气好多走30里路，天气不好就休息，等到天气好的时候再走。另外一个登山队说，无论天气好不好，他们每天都坚持往前走10里路。结果，第一个团队冻死在山顶上，另外一个团队，无论天气好坏，他们顺利地上山，并且顺利地回来。宁在一时静，莫在一时停，每天每时每刻都有任务完成。我们会告诉大家一种工作方法：六点工作制，帮助大家可以每天看到团队的进步。

所谓的六点工作制是：用工作日记本写下你今天最重要且最紧急的事情（最多不可超过六件），按上面的先后顺序把第一件事情结束后再来做第二件事情，以此类推。下班后花几分钟的时间对自己今天做的工作来一个小小的总结，然后再计划明天的六点。

关于中层管理者

（一）Hire and fire：中层管理人员要招人。有人说，我是做财务的，如何去招人，我又不是HR。每个人总能找到千万种理由，但在阿里巴巴不是这样，招人是经理的事情，HR是走流程的，如果你人都招不到，说明你对外部的链接不够。招人不但是部门经理的事，而且招人时还需要把他放到你的心里去。当开除一个人的时候，没有大家想象的那样简单。我们不能随便开除人。如果真的要开除，请问，你开除他之前，你帮过他哪三次？如果一个管理者说这个人要开除，你发现在开除他之前没有帮助他改进，他也不知道如何改进，这样该开除的不是那个人，而是管理者。

另外招人和开除人，不能只体现在合同中，还有更多的需要放在你心里。那个人虽然是你团队的一员，但如果你根本不关心他，你的团队可能身在曹营心在汉。在你的公司里，每招一个人都需要花时间。

（二）Team building：如何打造一个团队，一个团队要有士气，要有战斗力。在现实的社会中，组建一个团队非常难。传统的企业做事情执行力非常高，电商公司和互联网的公司除了这个，感情要非常好。很多人聚到他身边，不一定钱得多，肯定有很多东西，和这个人在一起很开心。马云创业的时候，本来在大公司可以拿到500万薪水的人，马云跟他们说：到我这里只能发500元的工资。但最后这些人跟着马云走了好多年，因为他们觉得跟着马云是很开心的事。

（三）Get result：既要人，也要事。我们说，没有结果的过程是放屁，没有过程的结果就是垃圾。我们既要过程，也要结果。所以阿里巴巴经常讲一句话：我要什么，我还要什么，我更要什么东西！这里代表着我们同时认为人和事是合一的，甚至可以说你有一支价值多少钱的团队，你就可以拿到多少的业绩，关键你这个老板和团队是否值这个钱。我们要关注的是整个过程的结果。

关于高层管理者

（一）揪头发，所有人有一个习惯，一旦到了一个组织之后，因为心态调整，因为利益关系，因为安全感，你很快会进入一个舒适区。有心理学家做了一个简单的实验，把两个团队随机分开，一个团队戴红色的帽子，一个戴黄色的帽子，一天之后，让他们互相评价，觉得哪一个厉害，两个队都觉得自己的团队厉害。人对自己所在的东西开始有所认可。

三板斧现场

有一天，柳传志抛出过一个观点：火鸡论。人总是会夸大自己看小别人，除非他是一只鸡，你是火鸡或者是鸵鸟，才觉得你真的比别人大。如果你不这样认为，或者觉得差不多，那是因为你们本质都差不多。阿里经常揪头发，我们对一个人揪头发不是一年一次考核，阿里巴巴的考核是365度考核，每天随时可以关注。如果你给一个员工打分是最后一名，但是他不知道自己的问题在哪里，那就是你管理者的问题。揪头发的目的是让大家大开眼界，大家会被经常揪头发，这个非常痛。一开始你会不适应，听不懂别人在讲什么，这是正常的过程。阿里的思考在这里看起来理所当然，司空见惯，但是抛到中国的管理界，完全不一样。因为它的思路与中国传统的管理完全不一样，我们更看重人。

（二）照镜子。镜子看起来简单，但是有几个特点，我们人本身其实就是一面镜子，你成了他人的一面镜子。这就是佛家说的“镜观”。首先，镜子它客观，是什么就是什么，不会因为喜欢你或者是不喜欢你，告诉你错的东西，它客观地告诉你所看到的东西。你是否可以客观地告诉别人你看到的东西。

三板斧现场

第二，镜过不留影。当你在镜子面前的时候会照到你，但是不在镜子面前的时候不管你。我们人或者团队很难做到清空。参加培训也是如此，如果你带着过去的体系来思考就不行，一定要清空。

第三，忘掉以前项目的规划，再做规划也许会独辟蹊径，发现新思路。任何事情和项目按道理都有无穷的可能性和选择，不要陷在本身的思路中。不因好恶而改变色彩，镜子是红色还是红色，是绿色还是绿色。但实际情况下，我们判断项目或者人的时候，都以自己的喜好来描述，这往往会改变事物本质。我们不以自己的喜好去评价别人，而是站在别人的角度体会别人的情绪，这样才能把工作做好。这是团队合作的核心所在。人的能量和思考的动力90%以上靠情绪的力量，而不是理智的说服，理智的说服是交流的基础和原料。而你的情绪和整体的表现才是表达的核心。极少人注意到情绪是核心。

镜子看起来就是镜子，这里有很深的东西需要思考。希望大家从镜子的三个现象中照照自己，也用这样的方式照照别人，做一个踏踏实实的“照妖镜”，就让别人知道他是一个什么鬼样子，也通过别人的眼光看自己。阿里巴巴有句土话：**“说你有，你就有，没有也有。说你没有，你就没有，有也没有。”**如果别人感觉到你是那个样子，即使你觉得不是那个样子，只要别人感觉是对的，因为世界以别人的方式对待你。

（三）闻味道。在阿里巴巴招聘人的时候，当面试官都通过了，最后有一个闻味官，他通过感性来做判断，这个人来了之后对团队是好的影响还是坏的影响。因为很多时候到了一个地方舒服或者是不舒服，是因为那个地方有味道。一颗老鼠屎毁掉一锅粥，看似神秘的背后是我们对这个人的真实有很高要求。在阿里巴巴有三个要求：第一真实，第二担当，第三能够视人为人。这几个标准是我们要的味道。

三板斧现场

另外，如果你发现一个团队的主流味道不一样，这是很麻烦的。这个团队大的味道很一样，但是在小的方面又各有特点，这样才能契合起来，味道讲到底就是价值观。阿里巴巴有六大价值观，比如：敬业、客户第一、拥抱变化等等。有了价值观，才有了阿里巴巴的味道。每个价值观背后都有很多故事，后续再讲阿里巴巴管理之道的绩效考核，大家会看到我们对这些东西的理解和思考。所以闻味道非常关键。

在阿里巴巴历次的培训中，所有的管理者每年都会参与一到两次的三板斧培训，他们会被人踢。

培训之前每个小组至少需要回答以下几个问题：

第一，你们为什么要做这个事情？

第二，你们凭什么可以做这个事情？

第三，这个事情是什么，你们讲得清楚吗？

第四，你们的竞争分析是什么？

第五，你们最能够打动所有团队和客户的东西是什么，最核心的价值点是什么？

第六，这件事情真的达成统一了吗？团队成员想清楚了吗？或者有人觉得这个事情还没有想清楚吗？

第三节 三板斧的戒定慧

三板斧之戒：戒律

第一，不能挑战主持人。任何人的讲话都可以挑战，比如观察员这么跟你们讲，你们不同意这个意见可以说出来。如果组员这么讲，不同意也可以说出来，如果隔壁讲了之后有想法，也可以说，唯一不能挑战的是主持人。主持人是裁判，什么时候开始，什么时候吹哨，什么时候黄牌，都要听主持人的，主持人会做精细的把控，大家有什么想法都可以说，但是主持人定好的规则要遵守。尊重主持人对三天的安排，大家才能有更多的收获。

第二，注意大家的手机。这几年，大家手机不离身，只要五分钟不看手机就很紧张。早上起来一定看手机，蹲马桶也在看手机，晚上睡觉前不看手机睡不着觉，手机离不开各位的身体。但是请记得，三天两晚的三板斧学习中，学员的手机都要被没收，晚上回家的时候才把手机还给学员。在上课时，没收的手机全程静音或者是关机。

第三，作息时间要严格管控。提前一天的晚上7点半，所有学员会聚到一起，到9点半左右进行开学仪式，让大家了解彼此，熟悉流程。正式开始之后的三天，一般早上9点开始，上午一轮项目打磨和路演，下午另一轮项目演练，晚上以团队为主，我们会对团队成员进行调整。每天的结束时间在晚上10到11点，至于结束之后干什么，由你们自己定，因为基本上没有太多的时间给你们睡觉。所以请严格作息时间。

大家记住关键的点，其他的时间大家自由发挥。

三板斧之定：定心

大家需要定下心来做事。既来之，则安之。在三天的时间中，放下外面所有的事情，专心地参与到这三天所有的讨论演练中。参与得越多，收获也越多，大家彼此的收获靠彼此的参与。

一定：课程本身的流程。三天中有完整的流程，每个流程中大家都可以找到自己的位置，都会有自己在每个流程上的收获。三天的流程安排如下。

三板斧培训总共有五轮项目的PK。

第一天：早上9点开始，每个小组有15分钟的时间讲解你的项目是什么。核心要回答WHY（我们为什么做这个项目）、WHAT（我们做什么），这个一定要讲清楚。每个小组15分钟，讲完之后，观察团对大家的项目进行点评。点评后对每个小组打分，根据打分情况，排出第一名的小组和最后一名的小组。排名最后的组长会比较惨，会受到一定的惩罚，做得好的组长获得奖励。

下午1点半到3点半是关于互联网和电商的课程。讲完课之后，3点半是整个项目的第二轮PK，所以需要占用中午的时间，因为下午只有一个小时就要做第二轮汇报。每个小组总共有半个小时的时间，15分钟是自己的讲解以及15分钟观察员的点评。然后对第二轮所有的小组进行打分。每一轮的打分不累计，如果第一次是最后一名，到第二轮是第二名就是第二名，所以分数和组长的惩罚不累积。

晚上，对参加的四个小组做排序，以及所有学员的271考核。

三板斧培训讲究借势修人、借假修真。这三天，不仅帮助大家把项目从最初的方案做到更加好的方案，也要帮助我们的团队以及每个团队成员成长。这三天的时间中，既要做好项目，又要做好人，还要做好团队。

第二天：核心回答HOW（我们如何完成自己的目标，需要有一套完整的体系。）在早上9点的时候，进行第三轮的项目团队PK，做项目的汇报。第二天和第一天一样，大家推演，我们继续排序和奖励惩罚。下午也是如此，把同样的项目做第四轮PK。

这三天中，大家对一个项目的思考，不应该局限在教室中，项目实际做起来需要做三年的时间甚至更长。白天的项目打磨中，观察员和其他团队成员会点评，引导你们去考虑未来的事情。晚上，会进行项目组的排序，进行一对一的辅导，告诉大家如何把工作做好。第一天晚上对于项目成员只做排序，第二天晚上，每个小组最后一名会直接从小组中开除，他有可能不能毕业，最后一名要重新应聘到别的小组中，如果没有人要他，这个人就不能毕业。第三天的时候，四个小组需要制定好各自的奖惩措施，奖励是什么，第一名得到什么，最后一名失去什么。大家想清楚，老板也在的，小组最后一名可以直接开除。越是残酷效果会越好。

马云说，6人必有仁杰，7人定有混蛋，11人中一定有英雄。

最后一名可以直接开除，如果觉得这个太重，也可以升职或者是降职。如果还不够，那么被评为第一名的成员工资涨10%，最后一名下个月开始工资降10%。一定有一个人不能毕业，他在第三天的时候只能坐到教室后面，参与不了任何活动，阿里巴巴经常因为三板斧而发生人员的流动和变化。

第二天之后，晚上绝大部分人睡不着觉，三板斧会引起很多变化。在阿里巴巴的几年中，很多团队因为做完三板斧之后就变了。这根本不是培训，而是一次管理实践。我们把大家在职场中所有的情况真实再现在这三天，而且把大家三年五年的项目浓缩到三天的时间中。

晚上对团队进行review（评审），第二天晚上基本没有团队可以睡觉，请组长记得，最好让他们睡一会儿，有团队三天两夜都没有睡觉，最后一天趴在桌子上叫都叫不醒，这就需要组长安排好节奏。

第三天：上午每个小组有半小时时间做小组完整的汇报。把带过来的和即将带走的东西做一轮完整的汇报。每次上台都是一次表演。大家在做项目的过程中不要忘记是如何出发的，一定要找到初衷是什么，否则很容易走偏。

下午的时候，我们重点对三天的时间进行复盘，包括团队的复盘，包括人的复盘，也包括整个组织成长的复盘，还有课程本身的复盘。

复盘是什么意思呢？围棋，一盘棋下完之后会拿走，然后从头到尾摆一起，讲述一次，这是围棋的复盘，所有懂围棋的人都经过这样的训练。在阿里巴巴也是如此，复盘是阿里巴巴管理之中经常要做的一件事。

士别三日
当刮目相看

在每年做业务的时候，马总会带着公司一起复盘。如果事业部有三千人，他会问：事业部中，今年哪一百人发展得非常不错？一般总裁对自己的员工要了解得非常清楚。第二句话是，他这么厉害，在他的发展过程中，你为他做过什么？如果他很厉害，和你没有关系，那么你是失职的。所以，阿里巴巴先做人员的复盘，然后做项目的复盘。好的项目一定是有一个好的团队，但是好的团队不是说这个团队的能力强。

这是三天的基本流程，当然远不止这些，大家需要慢慢体会。

二定：项目本身。

阿里巴巴内部做三板斧，参加培训的大多都不是完整的项目，很多项目都做过很久，大家把项目带过来之后，要不做死，要不做活，大家一起推演，尽早发现项目存在的问题。如果项目不好，可以及时停止不做了，也许可以为公司节省10个亿的学费。我们做得更多的是，告诉你们不要做什么事情，这比让大家做什么可能更有意义。另外，发现每个团队成员的价值，比直接告诉大家往哪里走会更有意义。旁观者清，如此而已。

所以大家在这三天要么把项目做死，要么不做，不破不立。当然自己破自己，挥刀自宫，这是很难的事情，我们会用三板斧来砍掉。如果方向、策略有商业价值，我们就进行推演，把计划、方案、分工、考核、开放体系、电商、线下、系统、人力资源等等所有的体系做得越来越细，回去就可以执行。

我经常去很多地方讲课，讲课和三板斧有很大的区别，讲课以两个东西为核心。首先，让大家了解新的思想。其次，让大家知道新的案例和方向。以这两个为主，它的价值也很大，叫做开天眼，看到很多东西，想到很多东西，或者知道大概往哪一个方向走，这是讲课的价值所在。

三板斧不一样的地方是：我们不仅要知道如何走，还要知道这样是否可以走通，和谁一起走，每天走多远，我们希望大家可以带一套东西回去。这套东西可能不是PPT，可能是方法论。三板斧的核心是授之以鱼，不如授之以渔。我们多的是方案，即使方案很厉害，可能你也没有能力承受这个东西。这三天里，大家带回去的是一套方法论，团队如何合作，项目如何推演以及如何利用阿里巴巴从18人到现在3万人的方法论做团队和项目。

阿里巴巴的管理者，从马云到各级管理者都会参加三板斧，而且不止一次。我们在内部通过这种方法让团队和项目做整合，三板斧中发生的很多事情，是我们基于人性设计的环节和内容。

阿里巴巴资深总监逸方，本来管国际事业部，在三板斧中，她莫名其妙地成为了一个部门的组长——《商家成长》项目，带着团队做了商家成长的方案，旁边的观察员是逍遥子，逍遥子是当时的天猫总裁。回去之后，她忽然被任命为商家成长部的负责人，三板斧之后，团队马上发生了变化。

参加过三板斧管理的人回去之后，很多人会说：兄弟，你的状态怎么变成这个样子了，你表现出来的状态不一样了。士别三日，当刮目相看。即使你们是公司的高管，他们也会觉得你们身上有什么东西在发生变化，这是对的东西，这个非常关键。这叫定。

三板斧之慧：智慧

在三板斧中有几点需要大家用心领会。不用心你体会不到，用心，方能体会。

一慧：因为信任，所以简单。这是阿里巴巴的老话，也是曾经的支付宝的广告词，因为信任，所以简单。所有重要的东西都是很简单的。但是，因为没有搞清楚，而把事情搞得乱七八糟。鲁迅说，世上本没有路，走的人多了就有路了。公司也是这样，本来没有什么事情，但是没有事情做的人会闹出很多事情来。在公司中会有种种问题，比如小圈子，比如我是这个部门的人，那个部门的工作怎么配合的问题，我有我的想法，你有你的想法，到底如何统一？管理层面上讲是对的，但是做起来是错的。到底谁是对的？老板是对的吗？老板更想不清楚，怎么办？所以我们需要思考的是团队如何整合。因为信任所以简单，为什么说这句话？因为阿里在这里犯过很多错误。阿里巴巴的彭蕾在组织部讲，如果有人没有当面讲他的不好，而在背后讲的话，请你走人。因为很多公司乃至于阿里都有这样的情况，当面不讲，背后讲一大堆，因为大家不够信任。我们为了培养信任，在阿里有破冰的文化，来了之后，先交代一大堆的事情，让大家理解。我们有裸聊会，就是裸心会，大家敞开心扉讲事情。讲讲你是如何成长起来的，只有你了解了别人的故事，你才知道他，认识他。

真正做到信任和简单的时候，你会有同理心，我们要多站在别人的角度，用别人思考问题的方式体会别人的感受。传统企业的职场中，大家都是好好先生，不愿意冲突，但是大家在一个小组中，真的彼此服气吗？不一定，可能只是因为他是某个部门的负责人。做事情的时候意见一定统一吗？肯定不是如此，说出来就可以了，不说不行，不说你不知道哪里有问题。所以三板斧的过程中大家会有冲突，不是为了冲突而冲突，而是你怎么想你就怎么说，直接一点，但是直言有忌，我是一面镜子，看到你有问题而已。所以直截了当地告诉他，哪有问题。

第二，四个小组做PK，大家既是竞争对手，也是合作伙伴。当你发现别的小组的项目方向有问题或者人有问题，你告诉他：我发现你的问题。不要认为自己说话的内容会伤害对方，也不要怕错了，错了就错了，我是一面镜子，告诉你有问题就可以，如果有建议，当然更好。每个人最好直截了当地说话，团队会发展得非常快。我们传统的管理中最大的问题是，我们看起来太其乐融融，看起来太开心了。三板斧的三天时间中，情绪的变化是：第一天笑，第二天哭，第三天鸦雀无声。太忙了，没有人说话，要做很多事情，这三天，因为信任，所以简单。大家做一个简单的人，把你的话讲出来，如果这里都讲不了心里话就麻烦了。在很多场合的三板斧中，你会忽然发现，两个平时看起来很好的朋友，忽然就骂起来了。

另外，三板斧会讲到hire和fire，这是招人和开除人，很多时候我们会发现，我们把这个人招到公司里，但是否招到心里？你真的认同他了吗？大家把话挑明说，反正你不挑明，旁观的人会挑明。只管把你们的想法说出来。

二慧：我们彼此互为土壤。在三天的时间中，我们做得好不好，以及你的成长，全部依赖你旁边的人，因为他们在帮你思考问题。如果这三天里，你认为自己是一粒种子，你的小组就是土壤。如果四个小组认为你的小组是种子，那么其他的三个小组是你们的土壤，你们互相相关。我们只有彼此点燃，才能点燃所有人。有人说：天机，这怎么是三板斧？这是三板钻。另外参与过三板斧的人会说：这是三味真火。在三天时间里，一个人被点燃之后，会很快地影响到身边每一个人，让所有人投入到所有的项目中，所以三板斧的典型特点是，因为有人被点燃了，他身边的人就会被影响和点燃，整个现场会被点燃。在明后天很多人会被点燃，而且会点燃别人。

在人间有三种人。第一种人，叫火种，无论把他丢到哪里，都非常有激情，而且会鼓励身边很多人，这种人类似于疯子，每个创业者都是偏执狂。你们看老板，都有很坚持的东西。所以一定有人是火种。我们非常希望每个人都是火种，而且彼此可以点燃，最好大家像七彩虹一样，那个团队会非常漂亮。但是火种的人在人间不到1%。

第二种人是木头，可以被点燃，不能发光发热，但是旁边有火种的时候会马上燃烧，只要是可燃物都可以被点燃。

第三种人是石头，怎么点都点不燃。怎么办？这个用好也可以。

三慧：借势修人，借假修真。这三天时间，我们借项目修团队，所以到底哪一个是真，哪一个是假，分不清楚。项目是真的，团队也是真的，但是核心的东西是团队。因为有团队，才有这个项目。做项目的时候，不要忘了背后有一支团队。所以这一点非常关键，借势，是把团队打造好。把团队的能力发挥出来。借这个势修这个人。

借假，我们今天这个会场是假，不在你的公司，但是真的是假吗？也许就是真的。因为人生如戏，必须入戏。借假修真的核心是，看起来是做培训，其实你们在这的三天时间是为了节约你们公司至少三千万的钱和半年的时间，所以你们真的是来这里打仗的。把未来很多东西融在三天里，有这么多专家帮助大家做指导，大家放弃培训的想法，真枪实弹演练，对每个人都是如此。有人对外说，我来杭州参加培训。我问各位组长，不要告诉我你们是来培训的，我要把你们一年的考核做完，回去直接升职或者是降职，把三天当一年用。你们小组多久没有一起为一个事情经受这么多拷问和坚持，回去之后团队完全不一样。所以，借假修真之后，我们不仅是来演戏和参加培训的，而且是实战演练。演练的项目是来自真实商业场景，没有虚假，台上一分钟，台下十年功。台上有五轮的表演和汇报，人生如戏，在台上我看到的不只是一个人读PPT，而且把项目放出来，让大家看到你们对这个项目理性的理解和感性的感动在哪里。

借假修真，借势修人，三板斧之后，大家都成为了很好的朋友。三板斧中有一个关键的观点是：视人为人，而不是视人为物。多把人当作人，不要把他当作圣人、障碍或者工具。你在坐火车时，你会关心火车司机是否开心吗？因为在你脑子中，火车司机是火车的一个部分，是一个工具，其实我们经常把人当工具看，越是亲密的人越是如此。在家庭和公司里都是这样。

这些是慧，慢慢体会，体会之后会悟到，悟到之后会做到，然后在工作和生活中会学到很多东西。

第二章 借假修真——项目操练解析

Chapter

第一天：确定四个小组成员，并确定项目方向

实训项目：以实际的项目作为前两天的项目标靶

团队组建：由组长组建新的项目团队

培训内容：1. 战略的四要素与三原则

2. 移动互联网的基础逻辑

3. 如何定目标，追过程，拿结果

第二天：形成项目解决方案，激发团队协同

实训项目：形成项目针对性的实施方案以及计划

团队组建：对于团队做271的评价，以及绩效沟通

培训内容：1. 项目管理的核心工具与理论

2. 如何做员工辅导与团队氛围

3. Hire & Fire，Team Building，Get Result

第三天：根据产生方案，形成自己的企业方案

实训项目：结合四家的方案，确定自己企业方案

团队组建：跨团队的项目交流与交叉辅导

培训内容：1. 项目实施的组织保障体系

2. 变革时代的管理特征与组织设计

3. 揪头发，照镜子，闻味道

第一节 项目雏形要考虑的因素

看清你的竞争对手在哪里

【创客空间：滴水创客空间】主要是做家具城的第三方交易平台，旨在打造全国首家一站式泛家装服务平台。从市场分析、运营模式、优劣势分析、企业终局四个方面介绍了该项目的运营方案。

【天微】这个项目非常有市场和潜力。你们在做的过程强调了全国第一个泛家具装修平台，你们是否真的调研过是第一和唯一吗？这个第一是否重要？如果是做区域市场，只要搞清楚在区域内是否是第一就行了，如果目标是做全国市场，要搞清楚全国的第一在哪里。所以你们没有做充分调查，在整个PPT中没有看到竞争对手的分析，你们没有对竞争对手做分析，有点夜郎自大的感觉，觉得自己关起门来做的东西就是最好的东西，这里是否有依据？如果第一非常重要的话，你们有没有分析过如何维持和保持这个第一，维持这个特色化的差异化的第一。

第二，做平台相当于做生态，你们也涉及很多产业链上上下下的复杂系统，在这个系统中最关键的要素是什么？你们对最关键要素的打造在哪里？这些问题值得思考。

拷问关键问题

【天机】你们在整个系统中最关键的要点是什么？

【回答】首先我们有一个入口，入口是装饰中心，这是我们的关键要素，第二个关键要素是创客中心。创客中心在整个客户的回流过程中有一个口碑营销，创客中心主要以社团或者是社群的形式出现，所以将他们纳为我们的粉丝群体，让他们来做。

【天机】和你们什么关系？

【回答】区域性的创客已经融入到我们这个平台了，首先我们打造粉丝群体，因为我们有经验，所以把创客中心作为关键要素。

【天机】如果什么都不做，只干一件事情，你们小组干什么？

【回答】如果我们只做一件事情的话，我们就做专业，只做传统的家具建材卖场。

【天机】举个例子，我众筹了一家茶馆，其实茶馆对我来说无所谓，我的目的是圈起一群人，其实茶馆无论在哪里都没有关系，他们需要一个茶馆，但不需要我建一家茶馆。如果你们考虑体系的时候发现你们可以翘动自己要建的商场，或者是家具城，可以考虑一种模式，和所有的家具城合作，自己的也可以，别人的也可以，你们的项目组就完全不一样了，这是核心的价值。你们需要找到模式，丢掉家具城，依然可以活得很好，这个家具城只是一个样本，然后复制到全国的家具城，这是不一样的地方。所以你们需要想清楚要干什么。用一句话来说明你们有什么。

【回答】我们在当地可以把握地区性资源和优势。

【天机】这根本没有讲清楚。

【天微】这个行业非常大，是万亿级的行业，但整体方案下来非常空，而且想做的事情太多。请问我们这个项目的核心客户是哪一个人群？

你的定位是什么

【回答】我们对客户的定位是80后和90后。

【天机】这是错误的观点，这不叫定位。请问王老吉给谁喝的？谁告诉你们用年龄做定位的？你们在讲演的时候自以为很完美，但是被别人一点就千疮百孔，因为别人在你身上看到了你自以为是的东西，谁告诉你是产业的第一个整合者？

三板斧现场

阿里巴巴有一个很牛的人，花了5年时间做这个事情，但是一败涂地，亏了公司5个亿，差点被辞职。当时行业里都叫好，但是最后还是失败了。所以不要自以为是。

第二，在这个项目中你们没有讲清楚自己要干什么事情，大家带着以前的思路跑到这里谈事情，你们会发现，你们的思想会被这群人炒翻。你可能会发现杀进行业成为行业的黑马，其实只要做好一个点就够了，否则就是白来了。不要一叶障目，不见泰山。不要因为有一个万达，就忘记了全国的市场，你们没有用一句话表达清楚自己要做什么。那句话需要千锤百炼，和行业所有人PK过，最后凝练成一句话就可以了，然后把这句话做好。

第三，你们的客户群是谁？做传统企业的人特别喜欢把周边所有的人拉进来，所有人都是客户，谁告诉你这些人都是你的客户？即使在当地你最大，你还有一群竞争对手。即使当地没有竞争对手，网上还有千万商家，凭什么你可以独占市场？在未来，每一个人几乎只能占领一块市场，所以你的定位到底是什么？地理位置分类、年龄分类都是人群分类的误区，因为这是一个伪命题。我站在你面前需要做什么吗？你知道我想干什么吗？你们不知道我要干什么，我站在你面前你都不知道我要干什么，你凭什么知道80后想干什么呢？所以客户的定位是问题。

另外，整个PPT逻辑混乱，根本没有逻辑。后面如何保障，如何盈利，你们也没有讲清楚。你们虽然讲到了和常规的家具厂的区别，但只是静态的模型。也就是说，你们讲到了你们以为的家具城是这样的，讲到了你们认为的其他品牌和家具城是这样的，你们怎么知道其他的品牌想做什么事情，也许人家五步要走，而你们只是看到了第一步，你们是否站到了竞争对手的角度，他们可能比你们想到的更多，其实他们已经上路了，只是你们没有看到而已，你们要看到人家未来如何走，未来人家可能早就变道了。

宁愿高看别人，不要高看自己。我们都喜欢小看别人，高看自己。马云跟我们说：如果你是一只鸡，对方也是一只鸡，由于对方比较远，你会觉得那只鸡比你小？其实他和你一样大。只有当你比人家大一倍的时候，才觉得和自己差不多。除非你是一只鸡，别人是一只火鸡，才觉得对方很大。不然同样都是一只鸡，只是距离远，你会以为你比他大。另外，你们只是想做区域市场，还是全国市场？不要告诉我什么都要做，如果是全国市场，区域市场只是一颗棋子，如果做区域市场，全国市场就不要想，安心做点生意也很好，那么就放弃全国市场的想法，这也很好。但一定要清楚你们想要干吗，这样我们才能帮你。

必须强调指出，如果你们做了这个事情，你们是当地所有人的家装竞争对手的革命者，有没有一个模式可以和所有的家具厂或者是商场合作，或者放弃家具厂，另辟一个市场还是卖家具？举个例子，为什么不和所有的售楼处或者是物业公司等合作，这也许又是一种收获，为什么一定要放到体验店呢？这个东西需要想清楚，想清楚之后脑袋才能被打开。

“一叶障目”，太容易以为自己很有资源，这有什么用？天下之大，为什么做这个死老鼠呢？

“天下没有新鲜的事情”，你们做的任何事情都可能有一个样本，要么是成功的样本，要么是失败样本，我们可以在这个基础上再往前走三步，这也是很好的方式。或者这个案例不是你们行业的，学别人是最快的进步方法，山寨是学起来最快的方式，而不是重新构架一个系统，那太慢了。

在我看来几乎毫无内容，干了什么都不知道。

共享经济对闲置资源的整合

【共享经济：鑫苑“爱接力”】我们的产品主要是做共享经济圈的模式，在互联网经济圈中我们希望依托房地产开发，利用业主资源整合方面的优势建立一个生态系统，建立共享盈利圈，将人类的闲置资源进行整合，通过不断创新，为业主提供更方便和集成的服务。最终使社区的闲置资源和时间实现最大化的利用和扩展。

拷问关键问题

【天机】家政公司的人根本不会用APP，他们不玩怎么办？

【回答】司机一开始也不会用APP。最担心的可能是跳单的机率，我们不是做全时间段的，专业的保姆都是下午的时间做，一般晚上就没有人。因此我们做的是空闲的人力和繁忙的时间段，我们给空闲的人员定一个工作时间段的补贴保底，通过这种方式来约定人。

【天机】你们小组永远不回答别人的问题，只是讲自己的事情。

人才是互联网竞争中的核心

【天微】我想提一个非常深入的问题，人在哪里？这是我之前做的项目遇到的问题，曾经我们去佛山做了家具O2O的项目，这个项目的老板第一步拿出2个亿，第二步拿出12个亿项目资金投O2O的社区营销实体经营的模式，和你们的模式非常像。我们花了两轮接近一个月的时间做了各种方案，方案做得比你们目前的更细致，可是到最后，那个老板就问了一个问题：人在哪里？

什么是人在哪里？我们的计划是做500个店，在500个社区中投500个家具O2O体验店，而且是中介服务店，专门为新楼盘做家装。这样的模式每个店配置5个人，500个店就是2500人。他就问：这2500人在哪里？

同样，你们的报告中也提到在7点到8点提供服务，请问这个时间段的人在哪里？我要详细的人员数据分析，不是说我的物业管理公司的人上去，如果楼盘有一千户，就算20%的用户需要这个服务，那么20%是200人，在同一时间点提供这个服务如何满足？这些人也在用餐，那么人在哪里？不管你的人是来自社区的人，还是你们专配的人员，我需要详细的数据。希望你们在下一轮有所解答。

越厉害的团队越容易犯错

【天机】这个是核心问题。所有的要素都在人、货、场三个要素要，必须要分析得特别清楚，首先是人，然后是货在哪里？场如何连起来，非常关键。

老师不一定告诉你如何做，但是他可以告诉你方法论，可以告诉你从哪一个模块思考，这个体系是完整的，这是每个小组参加三板斧最主要的收获。你的小组没有暴露问题，而其他的小组暴露了这个问题，其实你们也有这样的问题。如何搞定人是互联网竞争中最核心的点。

该目标很清晰，想法很清晰。最大的问题在哪里？在团队。你们的想法有点固化了，最主要的问题在团队。团队最大的问题在于高傲，你们的团队比其他的团队实力强。首先你们是一家上市公司，资金实力非常雄厚。第二，你们做好了充分的准备。第三，你们每个人都是从各个行业杀过来的精英。但这个团队在现场中出现了两个细节问题，这两个细节都是你们团队减分的关键。

第一，刚才PPT拷错了，说是老师拷错了，其实最后是你们的问题。

第二，为什么给我PDF？这样很麻烦，你们把麻烦留给了别人。

此外，你们小组根本没有倾听别人问什么。在这个项目中你们小组最大的问题在哪里？为什么一个小组的方案中要把自己写得这么完美？你们可以告诉大家，这个项目中有10个问题我们没有想清楚，如果你们说我们需要找别人一起想，这样大家会觉得你们很优秀。但你们小组说我们把问题都解决了，这就有问题了，怎么可能解决所有的问题？你们告诉别人没有问题就是最大的问题，当自己认为很好的时候，就很容易失去下一次成长的机会。他们的队长非常坦诚，说有什么问题尽管抛砖给我，语气非常高调，自信满满的感觉。但给人的感觉是好像把问题都解决了，你们尽管发问。

在几轮的PK中，往往有不错的团队，越厉害越容易犯这种错误。所以这个小组项目不错，但是团队失败，这些细节体现了一个团队的风格和做事的方向。

传统行业互联网+

【传统行业互联网+：丰悦“煲宝”】我们的项目是做“丁马甲鱼”全网推广营销。丰悦公司是一家做地方特产的商务公司，立足于食品安全，主要做丁马甲鱼产品，始建于1992年，是养殖、生产一条龙的龙头企业。公司生产野生甲鱼原种和幼苗，主推产品是东方鳖宝和丁马甲鱼。推广方面主要针对加班一族，或者以礼品的形式给员工发放福利。

拷问关键问题

【天机】你们想重蹈当年中华鳖之战的覆辙吗？那个案例是否分析过？凭什么加班族喝你们的饮料，这个没有讲清楚。

【天微】如果就现在我了解到的几个项目来看，这个项目我是愿意打最高分的，因为他们已经有非常清晰的产品，优势非常明显。

第一，这里关键是定位，就像“怕上火就喝加多宝”，这是最关键的，你们的产品是做差异化定位还是做一致化定位？这里需要很清晰的阐述。

第二，如果未来电子商务是大趋势，而你们的优势在产品上，你们最稀缺的是电子商务人才，在人才引进机制上也非常关键。现在你们并不缺钱，即便缺钱，也不能缺引进一两个核心人才的钱。如何真正地引进人才，或者将人才打造成互联网营销专家，这是你们需要展示给我们看的。

第三，你们产品如何去掉土腥味，“土鳖”，中国人听到这个词语不会很舒服。你们要把这个亮点打造成能被广泛接受的“土腥味”，这非常重要，不管是团队还是产品，都要在去“土腥味”的方面花点心思。

现在的市场经济上，土，不是一个优势，要结合市场潮流化的趋势。如果是一个快消品，去“土腥味”非常重要。

【天机】天微老师会帮你们指导，再往下的细板块需要自己思考。这个小组最大的问题是，产品本身的定位没有搞清楚。如果你们的产品仅仅是鳖，那是你们的想法，但是为什么它不是一个所谓的胶原蛋白中最好的汤饮呢？如果高钙的东西是甲鱼的壳来做的，那么可以变成药品了。如果丁马甲鱼的甲鱼很好，也许可以变成“泡椒凤爪”，那销量可能会很高。

所以你们的产品限制太多了，需要进行拓展，你们不是卖甲鱼，甲鱼只是原料，你们卖的是另外一个产品，如果只是卖甲鱼就很难卖。如果你们告诉我这是中国唯一一款胶原蛋白饮料，很好喝，我可能会接受。但是如果说这是甲鱼汤，那肯定不好喝。所以，做得好可能是另外一个新的王老吉。

中国的饮料市场有太多的空间可以做，所谓的蛋白质饮料其实没有什么，而胶原蛋白饮料可能是空白市场，告诉别人喝一罐可以补充一天的胶原蛋白，但不要告诉别人我们在做甲鱼，这个没有必要，其实这背后有更多的东西。

另外，你们团队缺太多的东西，中午的时候你们可以挖人，看别的公司哪一个人表现不错，吃饭的时候可以多送一条甲鱼，挖人是小组的本事，想好你们招什么，请客吃饭是你们最拿手的东西。

众筹运营

【众筹运营：创客茶馆】我们的产品主要是利用商业空地打造互联网品牌以及配套休闲餐饮的商业街的体验馆，这里包括地产商、互联网品牌、创业者、消费者。解决他们的痛点。我们掌握着天猫大商家的资源，做天猫下凡。

关键问题解析

【天微】这个小组是接受命题，解读命题，所以提问提不出来。我主要给一个方向，这是做商业地产O2O方面总结出来的经验。其实商业地产是很复杂的产业形态，拿地、盖房、招商、运营等链条很长，现在商业地产恶性开发程度最高，甚至超过住宅，所以如何做差异化很重要。大家在产业运营和招商形式上做差异化。

我个人提出一个方向供参考——众筹。如果用众筹方向，首先解决了初始资金的问题，解决现金流的问题，解决招商的问题，甚至解决了运营的问题，用300万到500万打造一个众筹课题，把直接商家吸引进来，他们带着资金进来，甚至终身免租金都没有问题，因为他们是股东，用股权分化的方式解决天猫落地。如何解决众筹方向，比如宠物咖啡店或者是咖啡街，用这样的形态解决整个链条的问题。不需要逐个链条解决，主要是搭建一个创新性的架构性的解决方案。

【天机】再次提醒这个小组，情景化是小组胜利的核心，扔到产业主题中去，这需要你们去解构，你们需要往下走，走到一间茶馆或者是咖啡厅。

【天机】之前的三个都是提前带项目来的，只有创客茶馆组本身是没有带项目的，所以可以天马行空地去想，你们的命题可以自己来定，天猫下凡的情景化也可以自己来定，每一家都做天猫下凡的东西。在社区里，卖货就是上门服务，大家都在做互联网的线上线下的事情，你们到底杀的是哪一个环节，互联网是打通所有环节的需求，而不是做所有的需求。如果定在一个地点做所有的需求，那么三年之后你还是一个点，因为你做不完，行业发展太快，除非你打准一个点，只要做那个单环节，那么你比其他人赚钱快，这是做O2O核心的想法。你们没有具体的项目，为什么不放开脑筋想更宏伟的事情。

首先是行业场景，第二是下凡干什么，虽然你们组的郑总做商业地产，有大量的地皮，但是不要被郑总困在那里。所以，你们需要知道，市场随时在变，环境随时在变，唯一不变的是你们对商业分析和思考是有价值的。

你们组聊一些事情的时候，有对商业进行分析，但是没有结果，你们分析的是没有结论的分析，为什么分析这件事情？不是为了分析而分析。我们分析之后，要得出结论这件事情是否可行，而不是分析一下产业，分析中国潮流或者是世界潮流，这样是没有结论的。你们要分析的是，干这件事情，通过分析之后是否可以干，这个是核心点，你们还没有分析到这一点。

很好玩的地方是，这样的小团队可能产生出来谁都不知道的想法，他们家现在来看是做甲鱼的，你们家不知道是做什么的，你们家可以帮别人卖甲鱼，说不定有好的产品出来。换一种思路和思维思考你们到底做什么，也许他们三个小组都在帮你提供商业案例。你们是最具创新小组特质的团队，那么多90后，不要和60后想的一模一样，想一个方法，搞死他们几家，这是你们最大的特点。

刚才所有人把自己团队的方案演了一遍，鑫苑的方案最完整但是没有用，我们不需要这么完整的方案，你只要告诉我为什么，把做的事情讲清楚就可以了。因为过三天之后，别人都可以拿出更完整的方案。

剩下的几组方案基本上还在要破不破的地方，还没有理清思路。如果没有三板斧，你可能就准备开干了，公司确实不能等（浪费时间），但是用三天的时间把项目想清楚，叫磨刀不误砍柴工，这三天把你的刀磨一磨，这样才能更好地砍柴。

第二节 在混沌中破冰

【创客空间：滴水创客空间】我们通过半天的整理以及讨论之后，总结出一个核心，即用免费培育核心的资源。我们培育的手段是培训。核心产品主要是设计创客空间，核心产品的内容是硬件和软件相结合，硬件产品是物业，我们有免费的资源可供设计师作为办公室。

【天微】和上一轮汇报相比毫无区别与进步。

【共享经济：鑫苑“爱接力”】经过上午的研讨，再加上导师的思维引导我们有了新触点，将产品进行了深化，并针对上午所提的问题进行了解答。这是整个服务平台运行体系，我们做的是业主进行下单，主要是C2B的形式，通过需求进行服务。业主下单，通过传播方式进入平台，平台进行派单，派单给已注册商家，分为信息类别、服务种类和距离以及评价。通过注册商家提供服务给业主，整个服务完成之后，业主进行支付，然后再进行评价。同时支付方式可以有多种多样的选择，比如可以通过微信或者支付宝，或者是物业体系支付，这需要和物业进行配合。

【天微】你们只是在应付上午提出的问题，如果你把初级产品推向市场，市场会有一堆骂的声音，如果仅仅针对每个骂的声音进行回应的话，你的团队就是被客户和市场牵着走，你应该收集信息进行提炼，解决核心的问题，不要一一应对。上午一共提了十几个问题，如果每个问题都去阐述的话，团队时间都消耗完了。

【传统行业互联网+：丰悦“煲宝”】我们通过“天龙八部”的工具，根据8个板块罗列的现状，围绕的不是产品到底怎么做，首先是搭框架，框架出来之后，不管是组织体系还是架构体系都有明确的分工，把每个人的位置及能量发挥出来。

【天微】非常乱。到目前为止，我没有听到这8个员工，包括组长在内进行具体分工，这几个模块谁负责什么，大家各自的所长是什么，整个过程缺乏条理性，重点放在第三项，其他的项别非常弱，包括人员规模、组织架构、财务预算以及营销推广、落地执行，等等。这些还严重不够，结构不完整。

【众筹运营：创客茶馆】上午汇报得到了老师的批评，下午我们很纠结，刚开始我们想做儿童乐园的交流中心，但是被否决了。其他学员提到做童车的体验店，我们觉得这个太传统，而且不具备可持续性。经过很长一段时间讨论之后又被否定了。到第三个阶段，几个女同胞想做女装，可能有一定的市场。我们的初衷是做女装体验店，用各种样品进行搭配，通过客户对搭配进行选择。我们都知道淘宝拼的不是商品，而是图片，所以穿到身上之后的舒适感和实际效果非常重要。客户可能是这样的需求，厂商或者是电商也是这样的需求，因为他们需要拿出一些产品创造自己的品牌。我们要根据原有的商业项目，在其中一处选择做这样的体验店。

【天微】我观察了大家下午的情况，主要说三点。

第一，就项目而言，大家基本上在应对上午的质疑，而没有搭架构，要知道时间不等人。假设第一天的问题没有解决，可能你用三天时间也解决不了，我们要学会蛙跳，即便是第一天的项目问题，我们应该积极地走到第二步，把架构搭完。把部分问题留着，然后积极地进入第二个环节，把项目架构都搭进来。

第二，关于管理。调了组长之后，大家觉得需要适应的过程。我请问大家，如果一个公司开工了，老板也到位了，应该怎么办？如果现在8人放大为80人，如果这个公司80人在一起，我们第一件事情干什么？组织架构分工。不能80人拥在一起讨论一个问题，

第三，关于组长。我认为三个组长没有一个组长是强势的，在企业发展初期，没有一个强势的领导，就会出现混乱的局面。你作为组长就要强势，你要把所有的人笼在身边，给每个人做清晰的分工。而我看到的是每个组的组长是混乱的，进行半小时讨论之后，各位开始离席了，他们做了什么事情也没有向组长请示，他们应该干什么也不知道。

所以在一个初创型的企业中没有霸道的领导是管不好的，大家的心和项目是散的。就我的感受而言，整个下午凸显了大多数大中小企业发生变革时体现出来的混乱，这种混乱在每个人身上都有，每个人都认为在等待一个强势的人提醒自己。

而你们自己呢？我们说要揪头发，每个人是否有老板思维？你们是否发现团队已经进入了半混乱状态。如果三天相当于三年的话，你们耽误的一下午就是三个月到半年的时间，也就是说，你们公司三个月到半年的时间存在混乱状态。所以今天下午每个

人进入到揪头发的状态。没有提醒团队和队长，队长也没有清晰地理解和认识到自己的职责，进入到这个岗位之后，自己没有强势地把团队融在一起，不管他原来来自哪里，你现在就是队长。

【天机】我一回来就看到天微老师在骂，就知道出现了什么结果。

首先，不如第一轮，其实这样是对的，因为正在打破你们的东西，正在找路。新来的组长对以前的东西肯定看不懂，乱到你们开始想自己的想法，就说明对了，过往人的想法太多了，今天新组长看不上你的方案，而新组长想做，这样你们会反抗。第一次肯定最混乱。

第二阶段，组长进去不知所措，你们选的组长能力都不错。你不知道该如何下手，这是常态，常态代表你们是常人。也有人两个小时把团队干得很好，绝大部分人到一个新团队有三种表现：第一，傻乎乎地听，为了安全，他不知道这个团队中谁最牛，听来听去没有一个牛的人。第二，无论听得到还是听不到，不敢拍板这个事情就这么做，另外拍板之后不知道问题在哪里，还在摸索每一个人。第三，自己在里面没有信心。我见过几位组长，不一定是这个群里最强势或者是最敢说的人，但对自己根本没有信心。你都不知道是否有能力把这个团队带好，怎么做事情？

另外，如果发现前面的方案别人都不认可，有一群人和你的想法不一样，你就会花时间解释项目，讲我们要做什么事情。第二，花在讨论无关痛痒的细枝末节上。一般是这两个东西。细枝末节的问题看起来都好解决，关键是看新组长是否把东西做好了。

团队自以为是team，用两个小时把团队重新组建起来，这需要靠组长，你们是否可以用两个小时做出一个东西来，我不知道你们做得怎么样，大概一塌糊涂。为什么最后没有时间睡觉了？应该都在花时间想事情，按道理你们中午应该想这些问题，下午就直接干了，中午就应该讨论出来。你们中午在干什么？工作时间都是用来做汇报和交流的，小组内部的时间都应该放在工作之外，这是创业公司的感觉。如果上班时间还在干独立干的事情，那就是浪费时间。讨论、学习以及所谓的探讨都是应该在工作之外，工作之内只干每一分钟产出直接业绩的东西，这个非常关键。

系统化思考商业问题的工具

我们最缺的东西是什么？是系统。你们要从哪几个模块去思考这个问题？从哪几个领域思考这个问题？从哪几个任务点思考这个问题？我把这八个模块给你们看了，但这八个模块只是思考O2O的方向，并不是方法论，你们要有自己的方法论。你们做任何一个项目的时候，从四个方面入手都可以思考，消费者运营、商家运营、平台运营、营销活动。这四个方面想得清楚，基本上其他事情也可以想清楚。

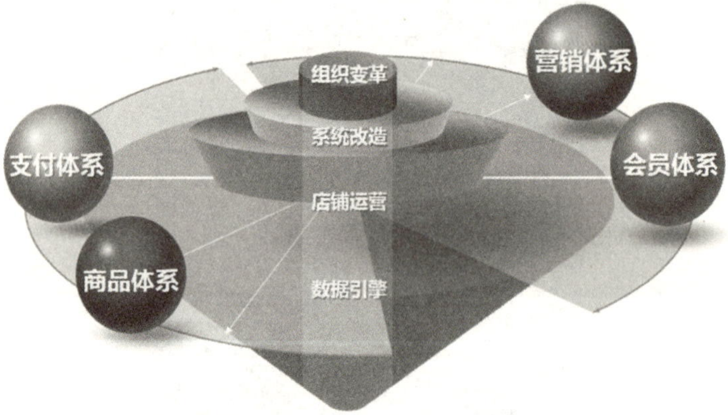

第二个工具称之为九宫格，把任何一个事情分为九个领域，八个方面，下面三个是基础，中间两个是抓手，上面三个是子项目。或者是三三制，要做好这个项目，需要做三个方面的事情，也只要做好三个方面的事情。一分三，三分九，把事情讲清楚，但是你们一定要告诉我们思考的方式是什么，不然出来的东西怎么可能有各种不同的方案？方案是不同模块的方案。

团队要在分工中合作

最大的问题是你们不分工，不分工永远解决不了这个问题。每个人在团队中，一定是不可或缺的。如果你的团队中有任何一个可以或缺的话，那么他在不在跟他都没有关系，他还是会走。他没有承担责任，人都是被自己的努力感动的，他投入进去自然会有产出。

最早的时候每个组只有自己的副组长，这一轮是没有领导时候的状况，没有领导和管理者的时候，就只有一个副组长挑业务的时候，业务做得快，但是业务容易走偏。当管理者在的时候，管理者会制造混乱，管理是降低工作效率的。管理在很多场合会降低工作效率，因为管理者会把很多想法放在团队的整合上。

那么问题来了，管理降低效率，但是增加效能。什么是效率，是快。效能出来的结果才是组织想要的。

你时时刻刻需要告诉大家几件事情：

第一，方向是什么。

第二，人要如何分工。

第三，所谓的钱也好，资源也好，该如何分配，包括时间等等。管理者是用这些角度做引导的，管理者不要轻易地投到项目中。问题是你必须敏感地发现，小组里有一个人可以这么干。

领导的强势不再是事上，而是在人上。强势在人上，只要把事情分到人头上，错了就不是你的事情，事情错了是人的问题，但是人没有选对是你的问题。你要知道管理者是干什么的。

另外，第二轮的时候最后一名的组长要受到惩罚。

第三节　项目立项的修炼

【创客空间：滴水创客空间】打造一个预备造型设计的孵化器，告诉公众这里有最美的设计师，当然也要引导最美的人来我们这里玩设计、交流。通过众筹的模式收罗一群设计师，提供资源给设计师，给他们提供一个工作、交流、娱乐的场所。最核心的是PK他们的颜值、想法。

【天微】从我个人这么多年做O2O的经验来看，方向没有错，而且这个项目拿到手的时候，有三位老师做命题设计时直接讨论过，泛家装行业只有两个入口：设计师和工程队。所以他们抓住设计师的入口没有问题。问题是他们丢出了答案，没有说原因，没有采用方法论。你们把客户等都想象成专家了，缺少了重要环节。你们要给投资人做一个说明，要把最初的概念引导到设计师入口，以及设计师与泛家装的逻辑关系说清楚，用一个方法论把你想到的点和未来延展的点说清楚。现在你们丢出一个大本营的东西出来，会觉得莫名其妙，不知道你们在干什么，你们没有说清楚原因和结果，觉得你们是来玩的。这是很重要的功底，几个团队都有这个问题，你们没有总结方法论以及提炼自己的设计哲学。

具体落地方面有很多细节工作需要做。做到未来你会做到什么样的泛家装平台，提供什么样的服务、政策、服务标准化和非标准化是什么，这里需要进一步深化。

【天机】当然也有好的方面，我看到你们的美女图时觉得很开心，感觉很活跃。我看到两个地方，首先是这个方案确实不成熟。另外，把你们以前很多东西砍掉了，只做一件事情，这是一个进步，但砍掉的东西可能是很重要的部分。所以我不知道你们演化下去是什么。对的地方是，你们在丢东西和留东西，这种思维是对的。

第二，开始换一个思路，连产品和业务都没有想清楚，开始盯着人来打。人可能是核心，我们把人挖透，后面可能有东西，但是还没有搞清楚是什么。

第三，你们对市场到底做什么也没有搞清楚。这个很关键。我帮你们想到一个点，结合你们的想法，你们的项目会妙笔生花，然后干掉其他人的项目，你们可以借鉴。

为什么老大爷不看好你们的项目，这个很正常，因为你们不是为他们服务的。像天微老师装修别墅，你们不是他的对象。目前我是一家公司的独立董事，那家公司叫水滴公寓，直接可以把老板介绍给你们。水滴公寓在未来五年要有安德广厦百万间的公寓提供给大学生或者就职前三年的人，只要想住公寓，就可以拎包入主，而且可以做个性化定制。你们公司提供美女帅哥陪客户看房与设计房子，并用优惠的价格装修成客户自己喜爱的风格。

做房产要实现有温度的家，虽然租房是短暂的，但是要有温度，而且要有个性，和你们结合起来非常好。当时有人告诉我，如果你发现了自己，世界就会发现你。你们就盯着年轻人的公寓做事情，很多设计师都打不过你们，因为你们的成本低，颜值高，因为你们只干一件事情，越来越封闭的时候忽然就会开放起来。这就是创业，你们不用怕800万，还有人愿意给你们投8000万，那个公司估值2.5亿，正是考虑到模型，开始把样板房做起来。他们的样板房做出来之后，到12月份有1万间房子够你们设计了。

你们可以向我拿对方的电话，说不定他们就直接来杭州参与了。你们开始走到一条很窄的路上了，有点意思了。也就是说，你们拒绝了所有的别墅、精装房，你们越做越窄就可以把那个地方打破，这就是创业的感觉。希望你们找我拿电话思考这个问题。我到时请那个团队派两个人过来参与你们的讨论。如果你们真的可以合作，那么天下无敌！

【共享经济：鑫苑“爱接力”】以团队的方式呈现艾优3.0版，从艾优的初衷、市场需求、商业情景，艾优的实施计划，以及最后的艾优畅想生活方面来分析，希望在互联网经济圈中依托物业在管理业主资源和战略整合上的优势建立生态的子系统，也就是社区共享经济圈。

【天微】我觉得你们的PPT形式很美，让我想起了一首歌《泡沫》，完全是泡沫，你们颠覆了初衷，做了一个垃圾且没有意义的产品。你们做这个产品的初期是做平台，是轻资产模式，而现在误入到重资产模式。当初你们需要做资源的匹配，信息化的资源对接，而现在你们做得越来越像一个家政公司，你们在移花接木，你们用轻的前端，重的后端摆在台面上看。不专业的人看起来PPT很完美，但实际上你们做的不是一个类型的产品。你们到底走轻资产模式还是重资产模式？你们到底是养几百个服务人员，还是做一个“优步”，你们完全违背了自己的初衷。这不是你们公司当初想要做的事情，大家提出来的一系列的问题，都是针对重资产模式可能面对的竞争，而你们恰恰需要避免这种问题的原因是你们应该走轻资产模式。

【天机】沿着天微的说法继续说。无论选哪一个模式都是对的。

三板斧现场

在2011年，当时全国物流爆仓，马云回来问我们一个问题：是否要做物流？当时刘强东也在问自己团队是否要做物流，因为物流成为了中国电商发展必然的趋势。后来，沿着这个思路，刘强东和他的团队选择了做物流，因为他们知道，物流是客户体验最关键的环节，而且会越来越重要。物流会成为很多人选择的原因，他们觉得可以送上门到处展示自己的品牌，所以京东在2011年以后疯狂地发力物流，使得京东快速占领二三线城市，其中接近6万人做物流配送相关的工作。这是京东的选择，没有对错。

同样的情况，2011年马云也问高管是否要做物流？很多高管说必须要做物流，这是行业的关键环节。马云说：既然大家都要做物流，我们就不做物流。阿里还有一个不动的理念：永不碰货！举个例子，电器领域中，只有碰货，批量化的采购才是标品，给他固定的流量和资源才能做起来。否则的话，按照小订单的方式打，无法竞争过京东的集约化采购。但是马云说，反正不能碰货。我们和唯品会竞争的时候，有一个品牌特卖，按照道理，委托市场必须控货，不控货的话做不起来。但马云说不准碰货，所以在很多需要碰货和物流的地方都打不过市场，但是即使如此阿里依然占据了B2C品牌50%的市场，阿里只有2000多人，依然占据了50%的市场，而不是京东7万人仅仅占B2C17%的市场。另外，不仅不准碰货，还不能做物流，确实做物流可以促进发展，但是阿里做的事是思考帮助中国的物流产业做好，而不是自己做物流。于是阿里做了菜鸟，菜鸟用数据系统接住所有的物流公司，帮助全产业解决数据的问题，加深产业效率的问题。

另外，马云又说了两句话。第一，你们要对别人有信心。你们要相信别人比你们做得更好，但是你要有机制去筛选好的人。关键是建立一个平台的机制，让所有人积极向上地往前走，这是我们的哲学，这也是Uber的哲学。我不筛选谁好谁坏，都可以进来，但是更好的人可以发展得更好。用系统和工具解决问题，这是哲学。你们的产品思维非常缺乏，用什么样的产品、模型和机制让那些人往上走，你要给他指明动力，动力是什么？这是你们的核心。天微老师为什么这么气愤，因为你们没有想到人的问题，还在讲商业的问题。那个核心问题至今为止没有解决掉。

而且解决人的问题是用机制、工具、流程去做的。这是最大的问题。马云说，要相信人，相信自己是个傻子，而别人是天才。

第二句话，对生态要有耐心。所有的东西一开始都是乱七八糟的，要容忍乱七八糟，你要给生态一种力量，让它往前走。对生态有耐心的前提是你种下一颗苹果树的种子，而不是草的种子。如果是苹果树，三年之后会开花结果，如果是草的种子，急于收获的话，三个月之后就能长出草。你想要什么，关键是你种的种子是什么。如果你要苹果树，就要等三年。这是背后商业思考的逻辑。

马云还讲：**赢在细节，输在格局。**每个公司要生存，执行力肯定要强，而且在每个细节上打磨得很好，某些公司连赢和活的可能性都没有。你们鑫苑做这个事情肯定可以活下来，但那不是纽交所上市公司的野心所在。你们要的不是赢，而是让所有人拜倒在你的石榴裙下。你们闻味道和揪头发的格局在哪里？

不过你们和昨天相比有了很大的进步，但是不要在进步的时候，忘记了你们的魂所在以及更大的野心。希望在下午的时候，把你们的野心表达得更加酣畅淋漓。

开始的时候，你们看到了源头，但不要忘记未来的市场是汪洋大海，不要在小河里酣畅，鱼戏浅滩，龙游天下。我还没有看到你们的汪洋大海。这是你们需要去思考的事情。

【传统行业互联网+：丰悦"煲宝"】我们打造全网络销售运作平台，打算做一家打造绿色健康农产品的行业自销平台，该平台建立整个营销体系，营销体系主要是基于自身产品。第二是建立线上线下全渠道合作资源整合销售平台。本地市场除了东方汤宝以外的产品供应，主要是作为拳头产品的补充。作为一个有上市情怀的企业，光是以生物体为发展思路的单一产品线是不够的，于是我们选择了当地比较有特色的产品。

导师点评

【天微】这个组进步很大，从第一天放上来什么都说不清楚，到现在已经有一个系统了，这是很大的进步。这个项目需要集中精力做好三件事情。

第一，产品是什么？这是红海，你们的饮品存在高度的竞争，这是红海的领域，你们不要想偷懒。在打造品牌和产品上花最大功夫，不管是线上还是线下，你是什么样的产品，产品的理念和文化是什么，把这个东西做深做细，并且能说清楚。我在小组中提出这个方向是他们值得做的，这是差异化竞争很重要的要素，既然是红海战略，很重要的是打造差异化。在汤和饮方面，我们是否可以引进中国汤文化，又结合饮。他们小组有人说27℃以上最有营养价值，最有汤饮的特点，如何把这个做强做透，说到人人都觉得有道理，这样就对了。

第二，目标人群做透。

第三，做管理。第三方平台非常多，只要快递到位就可以了，我们正在做“10分钟达”项目，只要和我们合作，整个写字楼都可以一下子卖出去。所以这三步走好了，你们就是大赢家，你们和其他的项目部一样，你们就这个产品做深做透了。

【天机】整体的感觉是每个组中都嗅到了生机和味道，不只是简单的相信，而是开始闻到未来无限美好的东西，当然现在还很小。这里观察员给了你们很好的引导，所谓的汤饮，让人遐想连篇，以及汤饮背后的东西。你们的甲鱼饮料可能只是第一招，未来会越来越多。汤饮这个东西很好，你们做透一定是一个大东西。

第二，我想到了很多东西，想到了老干妈，或者是做烧饼，都能做到天下无敌，不要怕产品窄，王老吉就做一罐东西，你们在这个点上下足功夫。你们的产品没有故事，这是很遗憾的。如果你们的产品就叫丁马，一下子就时尚且高大上了，另外，将包装换掉。其中这里讲到“男人的加油站，女人的美容院”，话是对的，但是不能这么讲。那么用什么样的方式去表达，比如“奔跑吧，丁马”，这样就有感觉了。为什么有人不敢喝？因为你们讲产品定位的时候心智模式不清楚。你们把这个拿过来的时候，别人会出现什么样的情绪？你们说甲鱼，我的感觉是罐头。另外，还没有喝就以为味道会很咸，然后很腻，就感觉很恶心。因为你的名字就告诉他这样的感觉。而且外包装太丑了，一看就是地摊货。功能性饮料的包装不一定是王老吉一样的瓶子，也可以做透明的瓶子。这个包装要做得很高端，还可以做限量版。另外喝完之后可以把瓶子放在家里养花。

另外，要做哪些人群？刚才说了“男人的加油站，女人的美容院”，说明这是有营养的好东西。首先要把广告打入医院，因为医院的病人都要调理，医院里所有动完手术的病人康复得很慢，就是因为营养不足。当你们把最难攻市场攻下来，让他们康复不成问题的时候，你们就天下无敌了。所以这里背后有很大的市场可以挖掘，所以我说隐约看到了十年后的“加多宝”，除了把这个项目往前推之外，还要继续往深里挖，要把产品定位得越来越窄，提供给那种需要继续奔跑和往前走的人。

“奔跑吧，丁马”，这就是一种味道。明天上午我需要看到你们的包装设计，营销的功能，从哪里切入人群，然后打开市场。最好的动物型饮料是什么知道吗？当然是牛奶。比如你们可以打造类似这种广告——为你添酒的人不一定是爱你的人，为你添丁马的人一定是爱你的人。这才能做社群的炒作，让你的饮料在天下与众不同。

所以你们要知道，这一瓶饮料不是甲鱼，是满满的一罐爱，按照这个目标去做，把这个风味做出来以后，这瓶饮料才能成为一个新商业模式的奇迹，你才可能当土鳖公司的董事长。

另外，你们的包装要换掉，不然我不敢推。我们隐隐约约地看到了三个小组和第一天有本质的变化。我们说不破不立，昨天晚上破得差不多之后，今天大家在慢慢地迸发新生命火花，三个小组都有这样的感觉，第二组比较小心，你们要有所立，找到更有价值的东西。

【众筹运营：创客茶馆】我们想打造理想与现实之间的“茶道”，转型心情，品味生活，思考人生，创造一个特色的生态茶馆。我们的愿景是致力于打造成都地区第一家有梦想的生态圈平台。在创业人员的生活馆，是现代人慢生活的交易模式。我们的机制是众筹机制。实现一期盈利之后，我们会通过众筹平台开第二家店。

【天微】在这个PPT中你们没有把初心表达清楚，这是一种

情怀，这种情怀是项目的核心。你们想帮助一群创业者，创业者有多难，他的难点在哪里都罗列出来，比如没有钱，没有资源，没有想法。这些问题你们茶馆是如何解决的？比如没有钱，是否可以提供房间办公？没有资源的话，是否每周搞沙龙对接会，进行资源对接？如果没有想法的话，是否可以开一个共创会？像三板斧一样说说自己的项目。如果把这些东西玩起来就很有味道了。

另外，玩社群和社交有一个核心点，就是人格化营销，未来电子商务营销都要进行人格化营销，你是否可以把自己作为茶馆核心人格化的东西。比如天机茶馆有天机人格在后面做背书，你要做众筹也好，召集大家也好，需要有一个向心力，你是什么样的人？你是否有意愿把自己进行包装，或者是人格化一下进行服务营销，讲讲自己的故事，我是一个什么样的人，要做什么样的事，然后把这个落实进去。我们的项目不是都以追求利润为目标，你一开始可以抛出来，我的项目不是追求利润为目标，我是以结交朋友或者是体验人生为目标，这样就很好。

【天机】天下之大，所有的东西都可以融到一个茶馆中。你们看金庸的武侠小说，所有的奇迹都发生在茶馆，古龙的小说所有奇迹都发生在茶馆。在《小李飞刀》中有一个茶馆，有一天李寻欢在那里坐着，看着一群人在打架，旁边一个老头子带着小孙女讲江湖的故事，旁边还有一个孙老头在擦布，假装睡觉的人叫李寻欢。旁边的孙老头叫天机老师，他的小孙女叫小红，他们一直在江湖里说书，没有想到都是绝顶高手。孙掌柜曾经被人救过命，因为李寻欢的父亲救过他一命，他一辈子在旁保护李寻欢，什么事都不做，只保护李寻欢。小小茶馆可谓江湖风起云涌，如果你们想做一家茶馆，绝对没有这么简单。

三板斧现场

之前杭州有一个人叫胡雪岩，他穷困潦倒的时候，被掌柜开除了，当时没有工作，天天泡茶馆，没有钱续杯，有人问他为什么天天到茶馆，他说茶馆中有世态炎凉，人情世故，人生百态。所以，不要小看茶馆。我做茶馆不是只做茶馆，而是做一个道场，我们可以随时降临到任何一个地方的茶馆。

你们的茶馆中，有形无神。当形神兼备的时候，会让你感觉到茶馆背后所有的哲学，如果小，那么把它做美，美的背后有野心就做大，没有野心要看到美在何处。但你们组长讲起来不美，如果你想做茶馆，就由你来讲，因为这是你的秀，他们都是帮助你的人。只有这样，我们才知道你想干什么。

茶馆和创业是两回事，只不过偶尔降临在茶馆做创业事情而已，创业支持到底是什么？如果真的做创业支持，那么就讲清楚创业支持是什么，茶馆的魂是什么，这个东西非常重要。你不要觉得在这里只是为创业者做一个茶馆，你要知道做茶馆是自己创业，这是两回事，你内心中要有很多想法放到这里。所以那个地方存在什么东西，你们需要好好挖掘，不要只是添内容，让一个茶馆显得很挤，还不如茶馆一无所有，只要一个高僧在这里坐禅，7天一动不动，马上会有人过来。

背后的东西是什么？山不在高，有仙则名，水不在深，有龙则灵。小小茶馆中，神韵是什么？根本没有。如果按照这样的路子，你们只是重庆千百家茶馆中的一家。小小茶馆有神韵，神韵是什么需要想清楚。这个茶馆是三年之后价值上亿的文案，你们可以做，但是不要学我，我的东西你学不像。另外看一下11Star茶馆群规，这是修行的规则。所以要把背后的东西学习清楚，要学神，而不是学形，不要邯郸学步，目前为止，你们是无根的。有个根才是最重要的事情。

第四节 整合上容易遇到的坑

【创客空间：滴水创客空间】首先我们有高颜值的设计师团队，有帅哥美女，随时来都可以得到你想要的东西，颜值是客户的第一感受，可以给用户提供更好更具备创意的设计方案。同时，这是设计师的交互平台。盈利模式还没有想清楚，但这里有设计师的培训中心，培训要收费。实施计划：在宝鸡建立一个小型的创客中心，以宝鸡为例，将创客中心资源吸纳到300人左右，一位设计师对接两个单子。如果目标达到之后，在二期会复制到五个城市，第三期，需要在北上广进行整个模式复制打造。

【天机】这个小组的感觉还是在延续上一轮的东西，商业入口在哪里？你们的目的不是为了服务帅哥美女，而是如何赚钱，但这个没有呈现出来。你们可以参考完整的企业O2O方案，可能会给你们一些启发。

第一，在三板斧培训两天之后，有的项目天翻地覆，有的项目原地踏步。

第二，谁最后赢或者输根本不知道，因为未来一切不可预知。现在才刚刚开始。

第三，晚上继续做团队建设。

各位扪心自问自己团队的增长和发展如何，每个人的收获怎么样，每个人收获的核心是你在这个团队付出了多少。新进来的人员是否带来新的东西？你们小组虽然都有进步，但还有不足的地方。

【共享经济：鑫苑“爱接力”】提供的服务是二线以上的城市的现代化社区群，在晚上8点到11点提供一键呼叫的上门服务。艾优实现的商业情景：业主服务、商家管理。我们提供的是平台数据。业主服务做了C2B的一键式呼叫，首先业主下单，方式可以是电话，由平台派单，从注册商家派单。人员按派单过来提供服务，我们业主进行评价和支付。在互联网经济圈中，依托保洁公司，以物业的闲散资源为切入点，建立共享经济圈。

【天机】第二组有一个现象，从第一轮的第一名，到第二轮的第二名，到第三轮的倒数第二名，今天可能会是最后一名了，原因是什么？没有进步。这和上次讲的有什么区别？还不如把这个PPT扔掉重新思考。在这里，需要从三个不同频率入手，第一是最高频率，每天要有三个，每周也要有三个，每年也要有三个，把这九个频率搞定天下无敌，但是你们放弃了。在PPT中没有看到情景化的东西，这样就发现不了问题，也就没有缺点和优点，没有情景化出现的最大问题是不知道你要干什么，你无法把东西分析到打动人的地步。

这里提到了阿姨，但是阿姨做什么都不知道。比如做早餐，住在我们小区的几个家伙天天没有早餐吃，每天只能吃葱油拌面，很想吃像样的早饭，但是没有人送。其实不仅物业可以送早餐，邻居的张阿姨也可以送。我母亲每天做早餐都吃不完，早上可以多做两份早餐，正好可以送到你们家，同时把早餐费也赚回来了。我老婆是一个购物狂，家里有很多快递包裹，我母亲都悄悄地把包裹卷起来，扔到另外一个阳台上。我说：为什么把垃圾扔阳台上，赶紧扔掉。我母亲就很生气，我老婆说：你不要凶她。为什么？母亲觉得这样子可以帮我们赚钱，一个星期帮我们赚15块钱，她就非常开心了。我母亲可以说她在这里不是吃白食的。我对老婆说：15块算什么？我老婆说：但是妈妈觉得帮我们赚了钱。我觉得好惭愧，后来母亲把阳台堆成垃圾堆我都不敢说。这是我母亲的想法，她想帮我们赚钱。如果我母亲帮你们送早餐，你们再给她20块钱，她会非常开心，买菜的时候会多买两斤肉。你们的情怀在哪里？感情在哪里？情结一讲就出来了。但你们在做什么？

关于扫地，在社区里，只要是你的会员加入艾优，那么就可以免费送保洁，每天给他们送保洁。你们可以主动敲门说：张大姐，我们今天来帮你做卫生。如果张大姐说：很干净，不用了。那么保洁可以说：我们要让它更干净，我们有责任让每个艾优的家庭保持干净的环境。

情景在哪里？向劳动者致敬在哪里？人在哪里？没有情景就不会有情感，没有人出现就不会有情感。

另外关于宠物，我们小区很多人家养了狗，但没有时间照料，每次回去狗都叫得很可怜，家里大便小便拉了一地。于是小区很多人把家门钥匙交给了保安，都非常信任保安，让他每天晚上6点钟到家里喂狗和遛狗。这个保安认识我们小区里每一个人家的狗，每一条狗见到保安就像见到家人一样非常亲热。

宠物护理在哪里？其实每天都可以发生。这三件事情你们每天都可以干，你们干完之后就天下无敌了。这里每招价值连城，你们怎么不做？有多少家庭等着你们的服务，你们还不努力。

还记得每周的服务是什么？每周都免费洗车，我家的车在家里两个月都没有洗了，没有时间洗车，如果你们能来洗车，那么我会非常感激你们。还有我母亲每天晚上都要买菜，是否有人愿意帮她带菜？这样就非常感激了。

【传统行业互联网+：丰悦“煲宝”】分析了产品优劣势，重新规划产品渠道，产品名称叫丁马汤饮，目前牌子叫东方鳖宝，未来会改一个更加时尚化的名字。我们会在上面画一个卡通人物，代表着阳光积极。这是一款传承了养生汤文化的饮品，这是我们做的事情。我们的产品是梦想中的衍生品。我们聚焦做山东市场，山东有29个城市，所以我们有很大的空间。我们希望通过两年挑战山东市场，让山东老乡买我们的产品。中期市场，会打入到国内其他省市。远期市场，我们要走出国门，东南亚都是我们的客户，很多海外华侨都是用我们产品的用户。

【天机】感觉到很高大上的产品出来了，从土鳖变成了高大上，才两天的时候，现在已经看到本质变化了。

【众筹运营：创客茶馆】分享做茶馆的初衷，帮助更多有创业梦想的人圆梦，让创业变得简单，从中找到快乐。茶馆的客户群主要是投资者、创客。我们有一定的人脉，可以做成都区域创新的聚焦点，只要我们的想法是对的，就决定做这个事情。我们的思路没有问题，只是在完善自己的方案，不是为了做方案来这里，不是为了看PPT做得多好，最主要是把内容说清楚。

【天机】终于知道他们要干什么了，你们经过四轮走到今天，他们一轮走到这个样子，说明做得很好。可想而知，你们今天基本上睡不了觉，沿着这个思路走，我期待你们出来一些东西，说不定能做出一个比11Star茶馆更厉害的东西。你们可以看我的方案，但是不要被影响，只看背后的商业逻辑，不要看外在的形，形是学不会的，但是逻辑可以学会，越封闭越开放，还有弱关系强链接，是零摩擦新商业。

第五节 项目落地的考量

要有打磨的精神和体系

【创客空间：滴水创客空间】我们在卖场建立起设计师的创客空间，为卖场做一个很好的客户引流，这是我们做的项目。解决方案是在卖场为设计师提供免费的工作区，免费的咖啡馆、洽谈区，免费的样板间（优秀的设计师设计出来的）。

盈利模式。目前是收取设计费押金，设计费押金主要是给客户做保障，客户要建立稳定的双方保障，我们出30%，如果每个月接5单我们就反馈10%，接的单越多，我们反馈越少。另外，为了应对可能出现的跳单问题，我们采用P2P建立装修贷款，这样可以很好地解决跳单问题。第三方也可以给客户做保障，装修之后客户满意再结账。

三板斧现场

【天微】我在佛山有一个项目，和在座的两家企业非常像，是实实在在的家族企业，创业了25年，好不容易打造出年销售十几个亿的企业。目前遇到了市场困难，主要是受到了互联网冲击。

我们很想帮助这家企业，他们也舍得给钱，你们派团队来学习，看得出来你们都是很诚心诚意地寻求帮助。我认为三板斧这样的课程，不要简单地听或者是拿个PPT回去，这是一个方案。你们要从整个三板斧体系来看，方案不停地被推翻，然后不停地去梳理，理完了再看。要学习这个体系，要敢于试错，错了不怕，错了就改，改了不行，再改，至少越改越好了。

我们做互联网时间比较长，最近又是热门的O2O，大家形成了一个认识，似乎认为做O2O的人就可以帮大家解决所有的问题。我做的项目有时候真的心有余而力不足，有大环境的原因，也有公司多年来形成的DNA的原因，还有一些细节的原因，等等诸多因素。绝对不是经过三天之后就有灵丹妙药，吃了就好。

我认为三板斧最核心的地方是打磨的精神和体系。回去之后，你们继续打磨，进行内部PK，这就学会了三板斧，这是真正在这里获得的收获，绝对不是拿个结果回去就可以了，也不是天机神通广大，你们来一下就什么病都好了。

赚钱，那是创业者的根

【天机】授之以鱼，不如授之以渔。我们在授之以渔，这是钓鱼的技巧、方法以及流程。我们做项目的时候也要三番五次地进行论证。但是要记得，论证之后把显而易见的问题做成，然后再论证，不要不停地论证。唐僧只有上路以后才碰到了孙悟空、猪八戒和沙和尚。所以回去想清楚之后先做掉，没有想清楚的地方继续论证。

另外这个小组有点无根之木。事看起来对了，方向看起来也对了，模块也有细节了，好像肉都有了，没有根。根在哪里？在你们的项目中，如果真的做设计师平台，设计师根本没有订单。

这是根，大处着眼，小处着手，布大局，做小事。如果你们用一场设计师的电视大赛，或者让一起合作的设计师参与进来，同时很多消费者也会参与进来，那么你们的项目就串起来了。只要把一件事情做好，所有的事情就串起来了。这是布大局做小事，你们依然在布大局，做大事，没有看到一针扎下去的点在哪里。把那个点扎进去之后，看起来无关紧要，却命中要害，然后所有的东西打通了。但那个东西没有找到。

第二，请记住，设计师对这些东西无所谓，不管你有没有咖啡，也不管我颜值高不高，只要给我钱。创业者只要钱，那是根，创业的源头在于能赚钱，但是钱在哪里？你们的项目没有根。如果没有钱，你们做项目的目的是什么？难道只是想做得好玩和奉献？也可以，再亏两个亿试试看？你们的成本在哪里？你们的项目没有根。千万不要锦上添花，首先把根找到。

第三，你们对黄总表示感谢的时候我越看越担心。黄总你知道上次为什么被骗？他们没有骗你，他们是真心的。如果你这样带团队，下次你还是会被骗。做老板的，怎么能让每个人对你歌功颂德和赞不绝口？做老板的，50%的员工咬牙切齿，话都不敢讲才对。做老板，不能让所有的员工都喜欢你，做老板要有威严，要有人怕你。见到员工应该问：工作做得怎么样？而不是问今天开心不开心。完成任务没有？三天了，什么都没有拿出来，你们还好意思去西湖玩？你们回去以后不要想着玩，而是考虑我们讲的东西今天是否可以做完。人家一天就做完了，而你们三天还没有完成。因为我们笨，所以要笨鸟先飞，人家花一天，我们要花五天，继续在这里做才对得起你。

最美的风景在哪里?

曾经我的愿望和很多人一样，想走遍大江南北去全世界旅行。世界这么大，我想去看看。我的梦想是环游全世界，直到有一天，我做了一件事情。那天，我去大雄禅寺禅修。每天晚上师傅们会带我们走路，白龙潭的路崎岖不堪，上面有很多树枝、草根。有一天师傅还摔倒了，后来师傅打算把这条路修一修。于是，我利用了好几个周末去修路。每天都非常累，地下全部是竹子的根，怎么砍都砍不断，怎么挖都挖不动，又硬又坚韧，挖了好几个星期。最后，直到我把路修完了之后，我看着路就在想：有的人是来看风景的，有的人是来修路的。当你修路之后，会有很多人走在这条路上，他们会看风景。他们看的风景，不是你做的风景吗？由于这个人修的风景越来越多，他自然成为了一道风景。不是他看别人，是别人看他。古代有一个法师一辈子什么都不做，只是不停地修庙。风景有什么好看？风景在这里。

走遍天下找诸葛亮

员工要怕老板，没有一点敬畏之心的话，员工在某些时间会松懈，这是人性。另外，员工看到老板之后，心里要有一种动力，每次见到老板就想干事情。黄总每天工作到12点，你们很感动，这错了。你已经不再年轻，你的目的是找人，找更厉害的人，这是你的事情，走遍天下找诸葛亮。这就看你凭什么本事挖走诸葛亮。刘备找诸葛亮的时候说：诸葛亮，陪我打天下吧。诸葛亮说：三寸野夫没有这个想法。刘备忽然哭起来了。他说：你不出山，天下苍生怎么办？你凭什么吸引这样的人？这是老板天天需要思考的问题。如果你现在的团队在人力、想法、思路上都不够，就需要不停找人。

太开心的团队死得最快

最厉害的是，公司有一个老板，但是不知道老板去哪里了，而公司运转得很好。定制度，定流程，定规则，定方法，然后找到最厉害的人，公司就没有你的事了，你该干嘛就干嘛。在这样的情景下，你们这个团队中有一群小白兔。什么是小白兔？人很好，而且对你很忠诚，但是他们做不出来东西，这样的人也该杀（开除）。可能你感觉天机老师真残忍，但这才是大爱，要让他们有紧张度。

我想起了阿里学院，当时非常开心。阿里学院是我待过最开心的团队，一年半的时间在那里流连忘返。但是有什么用？阿里学院没有了，太开心的团队死得最快。你知道刘强东是什么样的老板？每天早上八点半开会，十年不间断，公司就这样起来了。谁说互联网不是这样管的？马云天天开会，每天很多人被指着鼻子骂。马云手下的人心惊胆战，这是一样的。

老板不能心太软

老板没有杀伤力，员工都喜欢你，那就是问题，一般的人表面看怕你，背后骂老板真冷血。那个时候公司有可能会发展起来。天微说，越来越体会到为什么创业这么多年没有把公司做得特别大，因为心太软了。

如何当一个老板呢？建议读一读《素书》，里面写得很简单。“义者，仁之所宜，赏善罚恶，以立功立事”，公司里任何时候都有赏善罚恶，每天都在批评人表扬人，那样的方式才能立功立事，否则的话，既立不了功也立不了事，不能只讲仁义道德。

所以请黄总想这个问题，不要把自己搞瘦了，老板还是胖胖的比较好。这个问题需要你们小组思考。你们团队的管理中，也许黄总管理的动作太多，公司里建制度、建流程、建方法和建绩效考核，谁应该惩罚谁要开除，然后去执行，这样你的事情就完了。

爱他的方式很多，更重要的是让他成长。

把情感融入到你的产品

【共享经济：鑫苑“爱接力”】我们的版本叫涅盘版。“爱接力”主要有六个部分：故事、目标、产品、核心竞争力、组织架构和运营计划，商业汇报主题只有一个字“爱”。“爱接力”产品主要通过物业的保障和认证，让每一个家庭有机会通过身边人的帮助，接受到别人传递给他的爱，同时让每个人有机会成为爱的传递者，这是对社区共享经济的升华。

【天微】通过昨天晚上我们通宵的努力，我认为这是一个很完美的项目。刚才天辅老师提到的逻辑问题并不是核心解决不了的问题，我也和他们讨论了，大不了我们重模式，前期用重模式，自己生产的方式，自己做加工，我满足前期的服务应答。等用户达到30%以后再退出重模式，把这些东西慢慢外包。

因为我是一个感性的人，我骨子里是一个感性的人，我觉得爱是可以传递的，一个产品如果带着传递爱心的特质，是可以改变一个楼宇的文化的。之前我们相互之间漠然，也许有了商业的产品，也许有了服务之后，大家开始慢慢地变得不漠然了。我们说写字楼中，人人都能冷漠，我们是否可以提供有温度的产品，把这个产品变成有感觉、有温度、有交流的轻资产产品。也许是我刚才说的，可能我更像一个女性，天辅老师更像一个男性，每个人的思维习惯不同而已。

就这个产品昨天发生了什么我想说一下，团队还是这个团队，每个人都是精兵强将，他们每个人是珍珠，这里需要一条线串起来。这和冯波有很大的关系，他是“爱接力”的创始人，我只告诉他们把情感放进去，然后我就走了。他们自己串联起来的，他们是执行力很棒的团队，只是之前没有找到那根线。至于这是否是成功的产品，当然不能肯定地说。刚才这个半小时我们做了充分的研讨，我们觉得这个产品还要打磨，但是我们有这样的心，我们正在做有温度和有爱心的产品，做一件有爱心的事情，方法方式错了可以调。但是今天有这个爱在，早晚可以做到。

我用产品表达对世界的理解

【天机】我也被你们感动到了。当然也有商业的问题。我们在考虑未来商业竞争的时候，我反复在讲一个问题，有哲学思维的一群人或者产品一定会干掉有商业价值的产品，因为哲学背后源源不断的动力给你的东西非常持续。刚才天辅老师所讲的很多问题是你们的命脉所在，因为只要你们有几单或者是量上来之后，供应会成为你们越来越重的东西。而且你们80%的精力要花在这里。但是，从0到1在哪里，我觉得你们找到了。其次，邻里之间的冷漠是现实存在的问题，而且很难打破，这是中国乃至于全世界很重要的问题。我们打破不了就很难做起来，但是我们有方法可以打破这个东西。上次上课前，我说我在用我的产品表达对世界的理解。如果你们的产品做到这种程度，我用产品表达对世界的理解，你产品背后的魂会跃然纸上，让人肃然起敬，让人为之流泪。我从来没有见过昆仑流泪，而你们把他讲哭了。牛！

这里背后更深的东西是什么？

从一个场景入手

做新商业的时候，不一定从统计学入手，因为你们会走入一个所谓的蓝海市场，和所谓看似美好完全没有价值的市场。从星星点点的人入手，从一个场景入手，从一个哭过的人的场景入手，做下去，一针扎进去。这样慢慢地发现因为你们的存在，世界有点不一样。一定有一条线和这个人的心理一模一样，只是现在没有人满足他的需求。看不到的需求未来因为你们的存在而越来越大的时候，那才是你们在这个世界上、商业中和产业中不可或缺的力量所在。否则你们不过是芸芸众生中的一点点。

你们做的那件事情在中国是没有的，在全世界是没有的，你们踏出的一小步是人类的一大步，那才是最重要的。如果你们的产品解决的邻里之间的问题，帮助邻里之间的人可以互相交流起来，小孩可以一起玩耍起来，让老人可以一起关心起来，就像我们住在一个四合院，那么你们的价值有多大。在未来，只有通过商业才能改变世界和人心。有一天晚上，我和好几个朋友在聊，我创业的初心是以佛愈商，用佛学的思想、用佛家的道理，用我对佛的理解，对这个世界的理解和宇宙空间、平行宇宙的理解，做一个新的商业，这是我的初心。有人说，你做11Star茶馆干什么？我说这是一个道场。他说：你做一个群干什么？我要再造一个极乐世界，在那个世界空间中每个人都是纯粹的，善良的，彼此信任的，而且每个人都在那个地方，因为参与了群体，人性和人格得到了升华。他说，天机你做不到，他也许是一个坏人，也许是一个骗子。我说没有关系，只要一起在这个空间中，那个人格是绝对善良就足够了。因为我在极乐世界想打造的是人格上纯粹的人。不管他实际是什么样的人，但是在这里也许会点亮一盏灯。他的火焰和能量会越来越大，慢慢地也许有一天他会影响现实生活中的人。后来我说：极乐世界不在他方，就在此处。极乐世界不在未来，就在此时，只要在这个虚拟的小小社区或者在茶馆中喝茶的时候心是平静的，这就是极乐世界。讲完之后大家就知道了我做小小茶馆和创业的初心。和大家的想法一样，我们做一件事情，不只是简单地赚钱，而是在赚钱的时候慢慢地推动某些东西往前走。这个背后的力量非常强大，如果我把你们这个东西播出去，肯定有很多人慕名而来，因为这个心会吸引很多人来帮你，很多人会把东西送给你们。不是因为你们有多少的商业价值，你们会发现所有的问题会迎刃而解，你们只要这么做，很多社区会把东西送过来。

同时，我充分相信你们团队的专业能力。任何问题，抛给你们团队，都可以解决，因为你们有素养。我当时跟自己团队说，当你们离开这个地方的时候，不要忘记这个初心，不要为了赚钱，让包子的肉少了二两，也不要为了和物业合作，去使诈，和合作伙伴争抢利益，你们要凭着初心往前走，会有很多人来帮你。这是道场，谢谢你们！虽然不完美，有残缺，但其实很漂亮。

成功必须有胸怀

【传统行业互联网+：丰悦“煲宝”】我们公司要成为中华民族，甚至是世界民族身体健康的守护者。我们不仅在做产品，通过这种产品要把我们的公司做成一个生物制药开发公司，这是我们伟大的梦想！

鳖确实有抗癌作用，只是口碑没有确认，我们要通过前期产品的发展资金，在后续募集医学界或者是生物界的精英，让他们在这里通过这种动物研发出抗癌、抗血栓的药物，我们要成为科学家的摇篮来服务人类。

【天微】刚才天机说的99.99%的人失败的原因，我提醒你，有情怀，同时要有胸怀。什么是胸怀？如果梦想不能敞开胸怀和高知识阶层和真正有头脑的专业人士有机结合，你就是那99.99%的梦想。我们要推动商业文明，大家可以看一部美国电影，那是讲两百年前的美国，坑蒙拐骗什么都有，两百年后的美国这么高度文明，为什么？是商业推动力。马云在改变民族，也是在用商业的成功去改变。前提是必须成功，成功必须有胸怀，要和不同阶层的人有机结合。

另外，我说自己的案例，我在佛山做了两年房地产O2O的实验，结论是从昨天到今天的感觉一样。那个房地产老板也很想做事情，也很有情怀，也很努力，但和专业人才没有办法衔接，两年后他们又走回原形。所以要有情怀，又要有胸怀。

时间相对论

【天机】我学佛，对时间的理解和大家不一样，对人的理解也不一样。因为众生平等，没有高低之分，我们都是朋友，不是客户，有缘就会相聚，该干嘛就干嘛。我对大家未来没有太多的期望，不是未来没有联系，而是我心里面没有一定要和谁合作，我没有这个期望，一切随缘最好。在这样的方式中，你对待人会比较平，不会因为他富裕怎么对待他，或者他贫穷怎么对待他。这是你心中看见的世界。任何一个人都是另外一个自己，没有什么区别。如果大家用这种心对待任何一个人。其实很简单，因为他就是另外一个自己，无论是谁，都是另外一个自己。当你思考别人的时候也一样，他是否会用你的产品。为什么要怕浪费？如果我们怕浪费就证明自己选错了人，如果选错了人就是我的问题，不是他的问题。你不要怕，怕自己就可以了，不是怕别人浪费，是怕我们选错人。

第二，我在大学的时候有一个朋友得了白血病，化疗三个月。这是一个很好的朋友。他走的时候是大年二十四，当时他妈妈跟我们说，赶紧走，天要黑了，外面正在下小雪。一边牵着我的手，一边不放我们走。这个事情我记得很清楚。结果三天之后他就走掉了。当时爸爸跟我们说，都大年二十八了，跑到人家家里去干什么。我说，没事，去去就回来，我们家还没有过年，他们家过不了年。所以，我对时间有了不同的感觉。他们知道我做事确实很拼命。从那个时候我有一个感觉，自从很好的兄弟走了之后，我觉得生命的每一天都赚回来了。一直是这种感觉，因为这种感觉我很努力地做事情。

刚才这个产品也是如此。可能对很多人而言三天就是三天，但是有人就连三秒钟都等不到。而有很多人，再给他三秒钟可能就会得救，时间的每一刻背后会发生很多事情。

零摩擦才是新商业

我当时讲完之后，一个女孩子就哭了，为什么？她希望赶紧把这个东西做出来，如果真的那么好，天下会少很多遗憾，赶紧合作起来。你们带了创业团队过来，胸怀大一点。你多一点少一点，大家都看得到，今天拿的多，明天做的事情少，功劳少，自然会慢慢变少。零摩擦，新商业，先把事情做起来，再分也来得及，凭良心做好。如果商业刚开始起步的时候，大家在这里斤斤计较，那么胸怀在哪里？比如李总，我们的量不够，那么把量做起来。拿投资，送出去，解救更多的人，让他们多延缓一天的生命，这多少有意义，这是无价的。你们的销量在下降，销量下降的背后代表着这么多养殖户的钱打水漂，代表着你们的产品会滞销，产品在仓库里，而另外一个地方是人一天的生命，哪一个更重要？如果你们真的做起来，那个产业会继续往上走，这是我们要做的核心的事情，每件事情中要看到产业背后所有的东西。有了胸怀之后，大家容易做事情，好做事情，零摩擦才是新商业。

弱关系强链接

刚才天微老师也在讲，我很感激天微。他年纪比我大，做事业的时间比我长，他对商业的理解比我深，他关掉自己的公司过来和我们一起做事情。凭什么？我感激涕零，没有别的原因，因为他在佛山找不到自己，如此而已。我在杭州能找一个跟我每天可以对话，而且惺惺相惜的人，一讲起来眼泪汪汪的没有几个人。天下之大，知己难求，天下之大，合作伙伴也难求。什么时候可以无条件信任对方，只有这样，事情才会慢慢地聚起来。这不是简单的团队管理的问题，这是更大格局的商业合作问题。天璇也一样，我在阿里的时候把她招进来，我从阿里出来，第二天她就出来了，而且主动说：天机，你忙不过来，我出来帮你吧。什么都没有讲就跑出来了。

天相，三板斧公司的总经理，第一天跟他讲完，第三天从北京过来了。过来之后，也许不一定走一辈子，也许会走一辈子，我不知道，但是彼此有信任之后的无摩擦就过来了。这样的方式反而快，因为做着做着彼此会看到很多的东西，看到更多的东西之后大家会慢慢变了。

天书也是如此，他这两天会说我发现了很多不足和成长。他以前是我很好的朋友，不知道我们一起走多久，我说至少先做三个月，这对你终身有益，能走得更久更好，我们都希望走很久，但这个需要大家在一起合作之后才能发生反应。三天之内，在这样的摩擦、捆绑、委屈之后，才会发生反应。如果我们远在天边思考合作，那是没有办法合作的，因为合作是步步深入，不是一开始对你死心塌地，人都是这样磨合起来的。昨天我和天璇讲，把九华照顾好，不要让他工作得太晚，他身体不好。天辅每天工作到4点钟，他的公司有多大？公司有100来人，她有很多大客户的单子，每天工作到凌晨4点钟，因为要处理公司的很多业务，凭什么？她有很大的公司在做。因为信任，只有这样的合作才能走远，这不是给我们自己的，我们也在照镜子。你们每个人也是如此，旁边的人都是一个自己，他既不比你高，也不比你低，大家都是同样的人。

11Star是什么意思知道吗？我们都是一颗恒星，可以自己发光。这样的方式大家可以彼此温暖起来。商业的背后有人格，人格才让大家链接很久，弱关系强链接，把人格的东西做出来更加重要。

三天即使不睡觉，时间也过得非常快吗？只要投入到一件事情中，时间过得真的非常快，因为我们自己投入进去了。而且我们自己会被自己感动，不是因为别人。某天一位朋友告诉我说，你爱上一个人，不是因为那个人有多厉害，而是你爱上了在对方面前的自己。你很喜欢在他面前的样子，所以才有女为悦己者容，士为知己者死。第一组讲完之后，天辅老师去道歉，说破坏了你们的情怀，她在解释。他们说，天辅老师，没事的。看起来很幸福。如果他们一开始是这个方案，回去还是这个方案，一点感觉都没有。他们付出这么多，他们被认可，那个小团队看起来很幸福。一样的道理，你们也是一样的，大家彼此挣扎过，别人对你的付出有了回应之后，那是幸福。幸福和快乐不一样，快乐一个人就够了，幸福是一旦索取付出之后，同时得到了镜子的反光，那是幸福。

以前有朋友说，人生有一个公式，他说磨难+付出=人的名、财、阴德。什么是付出？你做事情的时候没有想过什么是回报，这个是付出，如果你做的事情为了回报，那是投资。这都对，如果是商业也用商业的方式对待，如果是内心的东西，那这个更重要。什么是磨难？没有预料到，无法躲避必须承受的是磨难。人的名是消耗的，太有名的人会消耗自己，名不副实更是一种消耗，所以要维持那个名需要不停地消耗自己。

其次是利，得到了太多的东西，依然是你的消耗，这是果。利是人家来往的，你付出得多，磨难自然多。最后如果做了这么多事情，没有得到名又没有得到利，最后得到的东西是阴德，本来该有的难没有了，幸福的东西跑过来了。后面家族因为你做了什么事情他们得到了一些，这是阴德，这是大道。这个是精神食粮。

出一个决心也是结果

【众筹运营：创客茶馆】做创客茶馆的初衷，我们知道创业很难，我们感同身受，所以，我们尊重每一位有梦想的创业者。快乐有两种，一种是索取，一种是给予。而你们选择哪一种呢？请大家听听我们的故事……

【天微】我不知道说什么。什么是结果，我搞不清楚，到底是纸上的方案是结果，还是内心的决定是结果？到底是做一件事情的信心是结果，还是做一件事情的方法是结果？我不知道，我无法判断。至少我认为四个团队中，三个团队是以方法和步骤为主，第一组有很多细节的方法。对于这个团队来讲，他们本来是散的，团队原本来自各方，他们彼此之间要形成具体的方案，可能本身是不现实的，你让他们明天还在一起吗？他们今天晚上可能不在一起了，让他们出来一个结果是假的，但如果让他们出一个决心，我反而觉得这是一个结果。

最后三板斧出什么样的结果，让它自然产生，不要强迫地产生。

情怀是有成本的

【天机】这是很好玩的事。你们讲的时候，我觉得那是你们的茶馆，你们的茶馆给人信心，给人温暖，给人决心。这是你们的茶馆，我是这种感觉。所以，我也很感动。我觉得那是你们的茶馆，不管在哪一个地方，都是你们的茶馆。

你们说不盈利也很好，问题是你们知道亏多少钱吗？情怀是有成本的，情怀需要有东西做支撑。所以，我要求你们的是，茶馆很好，如果没有为情怀成本做好准备，你们的情怀是昙花一现，而不是细水长流。请问你愿意拿出多少成本，那一条线是否会持续，如果是我爸爸给的，爸爸会给多久？那个是理智与情感，而不只是情感，只有理智可以让情感走得更久更长远。

有一个人叫胡雪岩，当他开船走的时候，红颜知己跟他说了一句话，然后他上路了。她是这么说的：做人靠德，情商靠沉，要想做善事，必须先有钱。后来胡雪岩成为江南药王以后，在杭州免费发药三年，人家手上有钱。今年的马云成为中国的巨富行善，因为他手上有钱。我们有什么机制保障你们的心可以绵绵不断，那是智慧。不能只有愉悦，愉悦还不够，还要有机制、方法和智慧来保障。

举个例子，上次我们讲到11Star茶馆和你们有同样的心，但是我们在背后思考创造讨论出一条机制，能够让心可以绵绵不绝，这个机制是什么，那才是你们的智慧。你们没有把智慧体现出来，而只是把心体会出来，这还不够。

一个小孩手上没有钱，因为信任，他给我们1111块钱。我说我要还给他，这个小孩没有钱。对我们来说，1111块钱根本不是什么钱，可能喝一次茶就把钱花掉了。但那个小孩总共只有1万，他给了我财富的10%，这个人的钱不能要，对我们来讲心理负担太重，我说要还给他。后来天璇说这个钱不能还他，还给他会让他伤心，他会觉得天机看不起他，他也会说天机不带他玩，他会觉得天机不让我进来。

我们要换一种想法再把钱给他，而不是还给他。当我们的群成立一个月的时候，我们群每天捐出1111块钱，不是我们捐的，那个小孩的钱还在我们的帐上，因为捐给他之后没有钱了，不能延续。于是我们想了一套机制，我们愿意把每个人的小梦想晒出来让更多人知道，如果你们有人愿意支持这个小孩的梦想，最好的方法是，有人会支持他1111元，那不是还给他，是我们想参与分享他的梦想，希望他可以走得更好，如此而已。这样的话，我们既不将消耗平台的钱，还可以将人的情感通过商业的方式传递下去。那个付出钱的人，因为做了这件事，虽然钱不在我们的平台上，但是他使我们的平台从1摄氏度上升到2摄氏度。通过这样的方式可以保持初心，经过这种商业方式可以做得越来越大，越来越好，而且有很多事情可以继续往前走。

做完三板斧之后我觉得这个价值太大了，我非常意外，大到我们必须把它坚持下去，一定要做得越来越好，因为对很多人很有价值。但不会免费地送给一个人，不是因为这种方式不能做，我们要免费给的话，会用另外的方式。这是同样的道理，你要商业的逻辑和智慧保持初心绵绵不断，那是你们小组应该彻夜长谈的，如果没有那个东西，你们是黄粱美梦，因为不可持续。

所有的东西请大家记住，持续背后的动力来源在哪里？梦想背后的动力在哪里？机制在哪里？这和初心一样重要。达到彼岸是我们所有人的梦想，但是即使达到彼岸，还需要一艘船。所以请您找到船，才能达到彼岸。达到彼岸之后把船扔掉，因为你要去下一个地方乘另外一艘船，你们要找到那艘船。

第六节　商业地产O2O的乡村实验之路

为什么说乡村实验之路。我想到一个人，他叫费孝通，他是中国人类学的泰斗，也是社会学的创始人，他甚至是全世界社会学的人物。1920年之前，全世界对工业社会的理解都是大规模工业，就像福特汽车这样。当时中国从农业社会向工业社会转型的过程中，他们迫切地想要学习国外先进的工业文明。如同各位从工业文明向信息化社会转变过程中学习互联网一样，这是时代的变更。

在时代变更中，费孝通提出了一套独特的理论，他在伦敦大学的博士论文中写了一篇《乡村经济》，我相信很多学者或者社会学爱好者都读过。关于《乡村经济》，他深入到一个乡村调研乡村经济，得出了一整套他认为适合在中国实施的工业化道路，主要区别于世界上普遍公认的大规模工业的路，这条路就是邓小平从1979年开始改革开放采取的路——乡镇经济。特别是佛山、浙江等地区，为什么他们的经济号称“世界工厂”，并没有出现美国福特大规模的工业模型，而是把大工业拆分成家庭或者乡镇为单位的小规模经济，然后再组合形成工业供给。为什么提出这样的理论放到现在的社会讨论呢？其实现在的O2O就是处在这个阶段。

我从事O2O研究两三年时间，深入在中国经济最发达地区，大家面对互联网时代的到来非常茫然，这里有理论体系上的茫然，不仅实践者茫然，理论家也茫然，不知道走什么样的O2O之路。

三板斧现场

对这个命题我做了一些思考，我认为应该学习费孝通的理论，中国的互联网经济和中国的O2O应该结合中国特有的经济结构、社会结构模式，开展一场全新的O2O革命。这场O2O的理论体系也要结合大家以家庭为主的生产模式，以乡镇为主的生产模式，甚至传统企业的管理模式做O2O尝试。

下面讲讲在佛山尝试的案例。我们一开始算比较成功的，但最后还是失败了。这个项目在佛山众多地产项目中非常受欢迎，招商情况非常好。为什么这样的项目没有成功，因为在商业的最后一步没有实验完成，我们依然在佛山地区尝试商业末端的改革。

在思考商业地产和O2O关系的时候，我们认为有这几个角色需要搞清楚：商业地产商、消费者、电商平台和品牌商。这四者有了互联网之后发生了什么样的变化？

我们发现现在的商业地产出现了这种分化，互联网来的时候，商业地产出现了两头发展，一头是实体商业地产，一头是虚拟商业地产，虚拟商业地产就是天猫淘宝。淘宝是不是也是一个大商场？如果把他们的空间想象成土地，淘宝天猫覆盖了巨大的商家，一家一家商家入驻进去，做信息交换、资金交换。淘宝天猫就是一家虚拟地产商。传统地产商遇到的是虚拟地产商的冲击，他们已经把商家、商品和交易拉走了。你们该怎么办？

去年，我参加上海的全国商业地产商年会，听到一个商业地产商老板说了一句话：我们现在绝对干不过淘宝，没有人干得过他。为什么？第一，原来我们是重招商，轻运营。淘宝是重运营，轻招商。最有典型意义的是光棍节，本来是大家不会留意的节，结果被天猫淘宝运营成网络购物狂欢节，这不是营销吗？如果你们是做商业地产的，那么就可以把商城营销出这样一个节日来，全城市的人都跑到你的商城来，这不是营销吗？所以淘宝的成功在于运营的成功和营销的成功。但是，为什么我们干不过虚拟地产商，因为我们有一个前提没有做到，我们没有统一收银，这意味着他的经营好坏和我没有直接关系，只有间接关系。经营好了，商业中心慢慢发展起来，我才慢慢获得收益。如果经营不好，当月甚至当年并不会产生任何反馈。

而淘宝不是这样，淘宝“双11”每天都有多少亿元的收入，这种收益是不同的，它的收入和商家每一份交易都关联。不管交易的直接关联度有多大，是怎么样的关联关系，但是它们是关联的。独立收银每天交易量是多少不知道，卖了多少的商品你不知道，你怎么做营销？你怎么知道什么是爆款，你怎么知道现在畅销什么，你如何拉动客户对这些商品进行交易？没有办法。商业地产商做不了这个事。

我和佛山的崔磊毅是朋友，当时我做电子商务。我问他，佛山有没有电子商务的需求？他说是刚需。我一开始以为佛山没有电商需求，他说是刚需，我就想过来看看有什么业务机会。于是他带我去见了一家做家具的大老板。那个项目没有谈成，但是偶然的机会他把我带到了商业地产。我当时毫无顾忌，从没有想过做商业地产。我发现，一路走来一条主干道有9个商业城，都很冷清，那是离佛山市中心最远的一家商业地产。

我见到他们老板之后，老板侃侃而谈。我当时没有顾虑，说："你这样干下去死定了。"这怎么说呢？"我说，如果按招商的话，大家论资排辈也好，从离市中心的区域优势来讲也好，到你这里已经是细枝末节了，没有商家愿意进来，你招不到优质商家，这样你就没有办法正常运营，也没有人流，这样租金根本起不来。他说：是啊，现在就是这个问题。当时我脑子一热，我说不如把它做成中国最大的电子商务体验中心，当时我们做B2C的时候也在考虑落地问题，我就告诉他不如做电子商务体验中心，佛山是中国制造业非常集中的区域。在这里做体验中心是完全有可能的。他觉得这个想法不错，于是把董事长叫回来，我回到深圳后做整套方案。做完整套方案之后就这么干了。

一个已经投了一两千万的市场广告，原来定位是少儿时尚之都的地方，就因为我一个PPT，他把项目改成了"中国电子商务体验之都"。

这个定位出来之后，我出了一个主意，做什么事情要先造舆论，我让他在报纸上登一篇文章叫《广东电子商务的哑铃困境》，什么意思？广东是一个制造业、生活类产品制造业非常发达的地区，但是电子商务在阿里巴巴和京东交易。在广东经常出现这样的现象，我在深圳买一件东西，兜了一圈回来发现其实是隔壁的老板生产和经营的。我去阿里巴巴看数据报表的时候，发现排在第一的永远是广东省，也就是说，网上最大消费区域是广东省，服装生产商很多都在广东省，那为什么要去阿里巴巴交易呢？我们为什么不缩短交易距离呢？如果按照电子商务的模式，搭建一个体验中心，把11个贴心的专业公共服务建立起来，所有传统企业扎堆到这里做电子商务，做O2O，用店铺开体验店，写字楼是办公楼，所有的电子商务部的员工全部放到这里办公，这形成了电子商务园区，人人可以来这里体验，体验之后在线上交易。一个月只要来广州佛山一次。这个地理位置很有优势，主要在广州和佛山之间。

大家不要小看佛山，佛山是全国人均储蓄最高的城市，比北京上海还要富裕。广州是超大规模城市，这两个城市位置之间，只要开半个小时的车。只要来店里体验一次，去了解商品实际的质量和服务，其他可以重复消费。也就是说，首次消费在这里，反复消费在线上完成，如果可以做到这样就很好，消费者只要一个月来一次，其他在手机上下单就可以了，而这里的租金很便宜，这样就形成了很好的O2O。

理论上行得通，那么我们实际如何做？如何吸引企业来体验？于是我们搭建这样的服务中心。我们要搭建电子商务的人力资源培训中心、营销运营中心、IT和信息服务中心、互联网的基础服务中心、货源的采购中心、企业家的生活服务部、仓储物流中心、知识产权中心、金融中心、研发中心、检测中心。如果我把政府该干的或者政府没有干好的基础服务配套打造起来的话，那这个地方就很适合传统企业来扎堆。事实证明我们的理论是对的，我们把这些逻辑关系搭建之后，只做了一件事情，在那里开了电商大学，而不是淘宝电商大学。我自己当校长，讲一些电子商务的理论和实践知识，于是来了很多传统的想做线上的企业。写字楼开盘之后，用了一个月时间把第一期的第一栋楼租完了，在后面半年写字楼基本上租完了。我们在电商大学做了一些培训。

传统商业是什么特点？是厂家通过批发商，到零售商，到消费者。上面用品牌广告的方式进行品牌植入。在这样的流程中形成了交易模式，这种传统模式会出什么问题？

三板斧现场

我讲个故事。这是20多年前看的一本经济学的书，上面是这样描述的：在美国60年代有一个摇滚乐团，这个摇滚乐团特别爱喝某一品牌的啤酒，这是一个小众品牌。换个角度来讲，这个摇滚乐队特别爱喝丁马的甲鱼汤，就只爱喝你的甲鱼汤，觉得特别好喝。摇滚乐队是全国巡回演出，每到一个城市就去店里问，是否有甲鱼汤。问到每一家店都说没有，因为绝大多数不进你的货。等到遇到一家有货的店的时候他就会买很多，可能一次采购十几二十箱，采购完了之后开车去下一个城市。

但是你们是否知道，这个信息传给店长的是什么？每个店都有这样的需求，因为有顾客来问过。而这个产品在批发市场也有，只是比较小众，这十几家店铺统一在这个时间点向批发市场发出了市场需求，我们都要十几二十箱，因为他在考虑这次卖掉了十几箱，那么下面还要进行储备，一般零售商都是这样的思维。发现每一个零售商向批发商发出了20箱的需求，大家算一下，如果跑了10家有多少箱？200箱。那么批发商也要向品牌商发出需求，区域代理商开始有400箱的需求，再发给厂家，厂家就有800箱的需求。如果再做一些生产库存的话，那么就是生产了1600箱。

通过信息不对称，10箱的需求反馈到厂家变成了1600箱需求，现在传统企业是怎么死的？就是这么死的。你们做商业地产商，如果搞不清楚商业发生了什么变化，你们会跟着一起死。所有的传统商业就是犯了这种信息不对称的错误，导致他们严重的库存积压，导致企业倒闭。电子商务怎么做？电子商务是信息流、物流和资金流三流分离。信息流和物流由社会化的体系完成。淘宝和美丽说这样的平台是信息批发商，C店、天猫、京东是信息零售商，最后通过信息批发商和零售商这样的平台到消费者手里，物流和资金流再统一完成。他们现在三流分离，实际上只需要信息流，不需要物流配套。

未来的电子商务是怎么样的？未来一定会出现这样的模式，由厂家用集中式的体验中心开体验店。以杭州市为例，在杭州开一个大型的电子商务体验中心。然后由一些门店做服务，比如到社区的小服务门店做配套。我的产品直接从厂家邮寄到服务门店或者消费者。

体验中心解决什么问题？解决B2C的B端。B2C只有两种信息在流转，一个是价格信息，一个是产品的基本信息。这里根本没有体验信息，很多产品需要体验感，只有体验完了之后才能找到区别。当初做家具行业的时候，有一个布艺沙发的老板说：电商怎么做布艺沙发？6块钱一平米的布和60块钱一平米的布用照片拍，根本区别不出来，而这两者之间身体的接触感完全不一样。未来商业一定需要有一个体验中心，给大家做品牌体验，做自感体验，做消费体验，一旦确定了这个商家生产的是这种品质的，然后在网上进行交易就可以了。这就是我们做的广佛之城，它有存在的价值，成为广东省最大的集中式的电子商务体验中心。

那么实践是否做得通？当时摆在我面前的一个问题是，如果要做这样的体验店，我应该找谁？应该找传统的厂家还是找线上的厂家？我的决定只有一个，找线上的。因为线上的厂家对产品的信息化做得很充分。所以，我们选择了梦芭莎。当时我把中国最大的服装品类的B2C垂直网站体验店设在了广佛之城，全中国第一家。我们为它开发了手机、iPad、网站各种交易平台，我们打造了以体验、导购为核心的模式。

一个商店体验的SKU（产品数量）只有一两千个，但是通过iPad做补充可以扩展到上万产品。也就是说，我们在扩展体验店的产品边界，一家四五十平米的店只能放几百款或者几十款商品，但是，我用iPad数字化的方式就扩展了产品边界。另外，我们用微信手机的方式拓展了用户边界。也就是说，原来的用户到店，到店意味着可能在方圆5公里内来这里消费。我用手机微信平台之后，方圆10公里甚至20公里以外的人都可能和我产生交易。也就是说，用原来商业地产商结合虚拟商业地产商的模式，变成了实+虚的O2O的地产。在这里增加了一些软件、收银以及其他辅助工具，以及资金。

线上以营销为主，线下以体验为主，加上社会化的公共物流配套。线上主要做筛选，对我需要买的东西做线上的信息初步筛选，然后做实体体验。如果看图片和价格确认不错了，然后去体验店体验。体验完了之后可以用多种方式支付，支付之后空手而回，用物流配送到家。这是两三年前给商业地产商做的基本构架和实践。

当时我讲了一个笑话，有一个漂亮的少妇报案说我把钱放在胸衣里，居然都被偷了，而且是一个帅哥偷的。警察问：怎么被偷的？她说：我当时怎么知道他看中的是我的钱。人在交易的时候可能被体验误导。举个例子，现在体验经济已经成熟了，迪斯尼乐园就是典型的体验经济，在体验的过程中，你已经不在意价格了，你在享受它的娱乐文化。在那里买东西不会斤斤计较价格便宜一点还是贵一点，这就是体验经济，这是体验经济过程中我们另外打造的结构。

这样的体验经济还需要什么样的角色？我们打造了导购的角色。我们有一个基本的判断，认为未来商业是C2B，是以客户端发生需求，最后向厂家发出指令。C2B的C不是消费者，而是导购，为什么？消费者并不了解产品的属性和商品特点，比如对服装行业，我不知道什么面料适合我，如果专业导购可以帮我进行筛选，那么他可以把信息发给商家。你们做的设计师群体就是导购群体。所有的行业中，信息不对称的话就是要导购，律师需要导购，医生需要导购，房地产中介需要导购，汽车需要导购。为什么互联网需要导购？因为互联网出现了信息泛滥，出现了另外一种信息不对称，那么就需要有这样的群体来服务。

这里会有线上预约、线上呼叫、线上搭配和线上支付、线下体验一整套的服务模式。这是呼叫导购的流程，按这个键就可以找到身边的服装导购，无论离你多远都可以找到服装导购，点进去是服装导购的个人信息，经过个人信息确认他是否方便给我搭配。未来会出现一种新商业模式，即买手制设计师店，未来这些导购会越来越赚钱，越来越成为关键要素。他们会开出带体验功能又带线上功能的买手制体验店。这种买手制体验店将会成为未来商业的主体。

商业地产中要么是抓回统一支付权，否则和线上无法竞争，要么是引进新型商业，这是商业地产的唯一出路。

第三章 Chapter | 借事修人

因为信任，所以简单

我们彼此互为土壤

上通下达，左右逢源

第一节 第一轮团队建设

关于断言

心理学只解决一个问题就是断言，所有人做任何事情的背后都有一个原因就是断言，**所有人心理的力量都来源于两个字，断言。**也就是说，你对自我的认可或者是你认为我是谁，那个东西就是断言。当面临任何一个场景的时候，每个人都有不同的选择，因为你对自己的断言不一样。只有成为高管的人才能上这门课，就是断言，如何影响自己的断言，如何对自己拼命地认可，然后去影响别人，如何让别人喜欢你，让别人爱你，让别人恨你，都可以通过断言。

原因是什么？为什么美国队打奥运会得了第二名要自杀，中国人打奥运会得了第八名要狂欢。一个人认为自己是冠军，一个人觉得自己杀进来就不错了，因为对自己的断言不一样。有些人家产万贯依然很痛苦，比如那些政治领袖，因为他觉得自己曾经是那个人，但是得不到。有的人什么都没有，但很开心。所以所有人的开心和快乐都是因为断言。比如第二组的组长说我们这组比原来的小组厉害，这是断言。这句话其实已经伤害了前一个小组。每个人说话的时候，背后都有断言。而断言在心理学中可以被引导出来的，可以被自己发展出来的。

关于断言的故事。蜀之鄙有二僧，其一贫，其一富。一日，贫者语于富者曰："吾欲之南海，何如？"富者曰："我数年欲买舟而下，不可得，子何持而往？"贫者曰："吾一瓶一钵足矣"。越明年，贫者自南海还。富者有惭色。两个和尚，在四川的边境，一个穷，一个富。有一天，穷和尚对富和尚说："我要去南海拜见观世音菩萨，您觉得怎么样？"富和尚说："我准备好几年了，每天都在准备，正在建大船，而且准备几十个仆人和弟子，我都不能成行，太难了，跑过去千山万水，而且海面上天天刮海风，根本做不到，你凭什么去？"贫和尚说："我一瓶一钵就够了，有一个瓶子可以装水就可以，万一没有水，接雨水也可以。再没有水，放点血也可以。一个钵，走到任何有人的地方化缘，没有人的地方拿几个桃子。"到了第二年，穷和尚去南海拜见了观世音，然后回来了。富和尚还在准备建船，还在准备更多的东西，觉得很惭愧。

什么叫断言？相信自己要做的事，这是断言。当年唐玄奘西行的路上，来到了沙漠，刚刚走了两步，发现了一个情况，马袋里的水没有了。这时有两个选择，第一个选择是继续前行，第二个选择是回去装水再走。于是他开始往东走，但不到10分钟他停下来了，前途漫漫，千难万阻，难道我就因为一瓶水就停下来吗？于是他跟自己说，宁可西驱而亡，也不可东归而生。然后继续往前走。果然，走了两天两夜，在沙漠地带昏倒了，直接趴在马背上不省人事。可是神奇的是，这匹马在他死之前，驮着他找到了水源，并活了过来。宁愿西驱而死，也不愿东归而生，这就是断言。

我们可以对自己不停地暗示，这就是断言，他跟第四小组直在暗示，他断言，我们第三天会干掉第二组，他们向最厉害的小组挑战，这就是断言、心理暗示，断言可以让人死掉，比如你有病，一直这样说，没有病也会有病。

如何改变一个人？就是告诉他你可以更好，开始他不信，慢慢地他就开始相信，于是成为了这样的人。有一个关于石头的故事，高僧跟小孩说，给你一块石头，你在那里待着，无论别人出多高的价，你都不要卖。三天之后，过来找我。第一天的时候无人问津。后来有人说，五两银子卖不卖？不卖。十两卖不卖？不卖。第三天的时候，全城的人都在说，有个小孩有一块石头，无论出多高价小孩都不卖。结果一千两黄金小孩都不卖。后来小孩说：师傅，这个东西好值钱，要一千两黄金了。师傅说：你卖了？他说：我不卖。为什么小孩不卖？因为大家在给没有意义的东西赋予神奇的意义。难道耶路撒冷的墙真的有意义吗？难道故事里的石头真的有什么意义吗？没有什么意义。难道阿里巴巴有意义吗？也没有意义，是人赋予了他意义，因为意义的背后有断言，这是最深刻的人类心理学。为什么天机越来越有信心？因为有人断言天机以后富可敌国，我就不停地给自己断言。阿里巴巴有一句话：重复就是强调，强调等于信念。为什么唐僧很厉害？他就不停地啰啰嗦嗦，我们一定会到达西天的，结果真的到了，这就是断言。

知道为什么马云这么厉害？因为曾经有人断言马云很厉害，就是孙正义，当时马云的样子哪有现在意气风发，意气风发就是因为遇到了孙正义。马云的贵人就是孙正义，他给马云三样东西。

第一，给了马云2000万美元，在互联网即将泡沫的时候给了马云2000万美元，没有孙正义也就没有今天的马云。

第二，他告诉马云未来是什么，因为孙正义在1992年的时候写了很多东西，和现在发生的事一模一样。当年美国军方刚刚有互联网的时候，孙正义正在写，以后每家电脑都会联网，只要是互联网公司他都投资，因为他看到了未来，马云是通过孙正义才确信这个事情的。

第三，他告诉马云你未来很牛。当孙正义投资马云的时候说：你就盯着这个事情做，未来你是中国的首富，我是未来的首富。当年整个互联网都不看好马云，尤其是北京的互联网公司觉得马云的公司就是直销公司，而孙正义就投了马云，并对马云说：你是未来的首富。所以要给自己一个断言。

不破不立

经过这个分析之后，这四个组长都不太适应，而且连规矩都没有建起来。组长刚进入一个小组就干三件事情。

第一，获取信任。先认识大家，用最快的方法让大家信任你。所以，这个点很关键，但是各位想办法快速地做这个事情。有的人一站起来，别人就信任他，有的人讲了五分钟都表达不清楚。

第二，立规矩，我们小组要怎么办，不能怎么办，无规矩不成方圆，不然的话你的小组根本没有办法玩。

第三，做分工。给每个人分工。分工之后再调整，没有分工死路一条。不分工永远不知道怎么是对的，怎么是错。不知道你们这三个事情干了多少。不用你找方向，他们的副组长想得比你多。

三条没有做好，后面就是一盘散沙。

指明方向

组长要干的第一件事情是给团队方向，我们要去哪里，而不要说我们走走看，走走看就走没了。所有人本来管理能力不强，再加上没有明确的目标，团队就会散掉。有两个团队，一起去爬雪山，一个管理者要求走走看，天气好就走30公里，天气不好就休息，看天气再说。另一个登山团队说，无论天气好坏，每天都走10公里，果然这两支登山队中第一支团队活生生死在路上，走一天停10天，最后大雪封山不能走了。而另外一支团队无论风雨交加永远走10公里，无论天气多么恶劣都走，很多人说不走了，队长说不行，一定要走10公里。为什么？团队必须每天往前行进10公里，无论气候如何恶劣，无论是否看得清楚，都要往前走，带着他们一步一步往前走，不要原地踏步。这个团队从昨天晚上原地踏步到今天已经有24小时。如果这个团队明天早上还没有目标的话就拆掉，拆掉之后去别的团队。

奖惩制度

三板斧现场

奖惩措施是一个公司智慧管理的关键，原则是奖励少，处罚多。

大家会发现，在组长和副组长的组合中，有很多要素。在组长和明星员工之间有很多要素，什么要素？有些组长很弱，但是人情味不错，管理不错。另外组长是专业性很强，也有是两个都很强，还有组长和组员之间没有建立信任关系。也有发现，组长和组员之间的沟通交流还远远不够，但好像第一名好沟通。**奖励和惩罚之间的区别是什么？奖励就好像给一块肉吃，惩罚好像割一块肉。**所以最后一名永远会谈出问题了。最后一名怎么谈呢？最后一名谈起来总是很麻烦。在谈最后一名之前，我们选最后两名，倒数第一名和倒数第二名有什么区别。另外，组长选最后一名的时候有没有规则？如果没有的话就惨了，没有标准就是乱定，乱定就麻烦了，没有人会服气。你想怎么就怎么样试试看。每组都有惩罚。这个惩罚有些是现场可以兑现，有些不能现场兑现。第三组的惩罚是100个俯卧撑，这里有很多不一样的方式，每个小组谈两个，看你们怎么谈。

三板斧管理之道

（一）闻味道

慧眼识人。你们第一组有这样的组长太幸运了，这个组长有两个性格，首先这是一个非常善于思考的人，眼光深邃。所以他在这里不简单地被外人所懂，而且他心思非常细，一定带过大项目，干过大事。第二，这个人做事情很喜欢动感情，只是感情不外露。该发火就发火，是很动情的人，一看就看出来了。这是你们第一组的福气，能挑这样的人，绝对是慧眼识英雄。

第二，你们这位组员在公司里是说话不多的人，但是干事情非常勤快，“老黄牛”的性格，他的主见和老板主见一样，他比较容易信任人。为什么这种人很容易成为第一名呢？为什么话很多的人，往往不被老板重视。老板都喜欢踏实的人，他只是有时候恨铁不成钢。问题是，一个有能力的人老板也会重用，但是搞着不知道怎么搞出去了。这种人有什么好防的，在公司里是很宝贵的。

第三，老板不易过多说话。让员工多讲，他会告诉你哪里好哪里不好，老板不要讲太多，让他先讲，讲完之后你在旁边煽风点火就可以了。做管理者就是让别人多讲，你是导演，你是导师，你是他的支持者。既不要简单地奖励他，或者是鼓励他，让他表现，士为知己者死，你只要告诉他你是他的知己，只要他讲，你多去听，这样讲的人觉得你特别好，感觉很理解他。不要讲太多，让别人多讲，多倾听，这是做管理者最重要的方面。

（二）照镜子

团队需要规矩，这是原则性的问题。员工去哪里都不知道，这里犯了原则性的错误，你没有教育好自己的员工，哪有这么干事情的？这是一个团队，不是团伙。一个团队各守一方，敌人过来都不知道，你的公司未来被人家反间计了都不知道。这是原则性的问题。外表的其乐融融，背后全是危机。第二，典型的不成熟的管理者，鑫苑里所有的产品都是他负责，他是团队中不可或缺的人，被你们挖走了为什么不好好用？无论是观察员还是你，挖来的人越厉害越难用，用得不好就要出大问题，挖高手千万要慎重。曹操是如何挖关羽的？给马，给美女，最后还是身在曹营心在汉，因为没有降住他的心。这样的人一般降不住他的，你们的项目太小了，根本看不上。你没有让他感觉到对他有帮助，他为什么要帮助你？他已经告诉你了，你一定没有听懂，下面的人也不知道谁是对的。一个是看起来很厉害的人，一个是老板，公司听谁的？再往下走，你们一定会发现，管理者走的都是错的，下面的人讲得对的，走着走着就把老大干掉。因为一个高手以后一定有小圈子，他有专业的能力。

第三，身在曹营心在汉，他依然想帮第二组。这是正常的，但是如何管？第四组的组长发现核心人物是这样的话，你们可以聊一下，我们的项目可以合作，合作的时候可以串联起来，这样大家的资源可以互换，这样不是正好吗？他们多的是地，他们开一个家具王国都可以，你们把项目合作起来就很大。你们挖一个老大的时候要把资源整合起来，建立一个桥梁，他开心，你也开心，这组人也开心。你们要看到我们团队多了一个人，这个人可以干什么，为什么要了解一个人的历史、过去和家庭，因为他的东西你都可以用。谁说在公司里做事情只用到能力呢？只用一个人的能力不重要，善用那个人的资源才重要。能力是可以取代的，但资源完全不一样，资源的力量很强大。

管理者管的是什么？**管理者首先是管钱，老板方向定好之后管资源，老板到处管资源，你看到的是每个团队都有资源。**

第二，管人，把人安排好，位置做好，这是你的第二要务。

第三，喝茶，告诉他谁可以合作，和自己的员工聊天，看他们是否开心。这是管理者需要做的事情。你们要知道这里背后的东西。

尤其要记得，如何批评最后的员工，你批评这个员工的时候其实在批评自己。你说自己错了有什么用？你越说，他越嚣张。到了晚上的时候，大家发现一个问题，看似合理的东西，有没有往深层想过？想过之后就知道有多可怕。

刚才我们谈了第四组，这绝对是一面照妖镜，大家看到表面的东西之后往里挖都是很深的东西，背后都是人性。这需要训练，在我这里只是我骂你而已，在你们公司可能就被别人灭掉了，比这里狠几倍。换一个小组，把倒数第二名拉出来。

（三）揪头发

这个团队组员都比较紧张，他们不太善于公开演讲。紧张是对的，因为你们今天不够紧张，尤其是你们小组根本不紧张。所有人来上课，第一天都嘻嘻哈哈，第二天都哭哭啼啼，第三天是鸦雀无声，没有时间，太忙了，那才是对的。明天你们小组绝对不是嘻嘻哈哈。

这个组长不知道怎么办，因为他犯错误了。我问倒数第二名为什么这么干？你要保护她干什么？做100个俯卧撑很简单，没有你想的这么难。为什么要为了保护一个人的身体，而伤害她的心灵，你以为她承受不了吗？有一句话，心要慈，刀要快。心要仁慈，但是杀的时候要快，杀就杀。惩罚的时候，该怎么样就怎么样，不要变。所以这才是核心，要注意到这一点。

另外，你们小组第一名和后面所有的名次都没有标准，都是凭自己的想法。因为她参与得很少，她也坦承参与很少。她要参与什么吗？你没有给她参与的机会，怎么参与进来？我们把他们称之为菜鸟，刚进公司的员工什么都不知道，你为什么要抓她辩子？她不知道做什么，是你不知道让她做什么，最后因为她没有做什么而批评她不做什么，这是谁的问题？你不知道她做什么，难道没有人问一句，你们来培训干什么？他们在我们这里待两三个月就是要做茶馆，他们有很明确的目标，这两个家伙放弃加拿大的机会，老爸老妈都不同意，拼死拼活要回来干事情，他们有很多爱好的东西做。为什么不挖掘这个东西？

做老板最牛的地方是挖掘别人内心最深层的东西，挖掘出来，你去帮他实现人生目标，这是你需要做的事情，别的事情不重要。在各个不同的项目、理论和规则中讨论，那不是根。什么是根？你内心最想做的事情，你最喜爱的东西，那是根，有了根，所有的东西才有价值，没有根，就完全没有价值，一会儿就烟消云散，因为无所谓。只有你想做的事情才是核心所在。所以需要挖这些东西。

另外，组长没有分工，组员当然不知道干什么，也不知道讲什么。为什么？因为你没有管好，你就会把一个个有潜力的人全部杀掉，沉默者最容易被杀掉。那些讲话多的人太容易被拎上来，**沉默者要被点燃，这是关键。**团队里很多人讲，“我要干这个事情，老板，你听一听。”团队需要这样的人，每个人内心里都有想法。因为信任所以简单，当你有想法，你就把大家的嘴巴按住，让别人听你说两分钟。如果团队任何一个人没有这种能力，或者没有这种激情，你们团队什么都干不了。这样，团队怎么依靠老板？

不管你是公司的员工，还是管理者，没有把老板管好就是失职。当老板出现问题的时候，要注意场合指明问题所在，这是揪头发，组长的位置是虚的，他头上写了“组长”两个字吗？在一个团队，每个人都是组长，大家彼此互为土壤，为什么要让虚拟的名号使组长蒙蔽了内心呢？

271：去与留

我们用什么样的标准评判员工很重要。271的原型不是简单的排序和贡献度，是你的期望值和是否满足期望。难道他们没有满足你的期望吗？满足期望称之为7，1是不满足期望的人。你要告诉他，我对你的期望是什么吗？如果没有的话，不能随便打1，打1就是“杀人”，在没有规则的情况下杀人违法。当开除一个人的时候，要讲清楚这个人的问题，以及当初招聘这个人的原因，管理者不成熟的表现之一是不知道哪里出了问题。很多公司容易把新人当挡箭牌，但其实他们才是真正需要被保护的对象，如果第一份工作就被打1，会打击到他的信心，所以需要悉心呵护。而2是超越期望，而且是持续地超越期望，这是271的核心，而不是简单地判断谁在项目中的贡献最多。

第二，组长会慢慢发现，以那样的方式对待第一名是对的，对待后面两名是错的，当组长批评人的时候不需要批评自己。另外不要造成其乐融融的感觉，要么他滚，要么我滚，最后就是这样，而不是把自己批评之后，觉得你也是不错的，你到底是批评自己还是表扬别人？他都不知道什么错。与其说他们四个很厉害，不如说你弱爆了。这样他更知道自己错在哪里？这是271的批评法，因为只有发现问题才能成长，有些人是通过被批评成长的。

三板斧现场

痛只有两种可能性，第一，他成长了，第二，他走了，这都是对的。最怕的是，他不痛又不痒，下次继续用这个方法做。我要看到的是你们敢于伤害自己和伤害别人，要相信别人可以承受得住你的任何伤害，你为什么怕他受伤害？因为你内心恐惧，这种气氛你觉得很难受。他的管理比你强多了，他根本不怕你，你要勇于伤害他，而铺刀子是你要做的事情。所以我看到的是你们用其乐融融的方式做批评的事情，哪有握着斧头笑哈哈去砍人的，应该是一刀砍下去，刀刀见血。

我特别警告第二组，如果用这个方式下去，第二组搞不好到第三天是最后一名。你们四个人谁站出来教他东西了吗？你们四个人在干什么？这是一个团队，在这里绝不能丢下任何一个人，如果他不会，就去告诉他，吃饭的时候告诉他我们要怎么干，休息的时候告诉他我们怎么干，有人要勇敢地跳出来做师傅，不要浪费团队的时间，不要让任何一个人落下。对最后一名小孩也是这样，他刚回国连汉语都讲不清楚，你们教他东西了吗？就随便给他一个1，有谁教他了吗？比如说，一个小孩犯罪之后，是杀谁的头吗？我是组长来判的话，他们不成长一定是师傅的问题，他有什么问题？

秦孝公变法之后，商鞅是如何处理的？第一，根据法律，太子犯法处置谁？直接处置太子太傅，太子太傅是谁？当时全国的兵马大元帅，掌管着全国的军马，是皇帝的哥哥，太子的舅舅。他隐居乡野，不敢出门，等到秦孝公死了之后再出来掌控军队，把商鞅五马分尸，商鞅还是被干掉了，因为太子太傅才是有责任的，你们想过吗？公司里新人需要有师傅，没有师傅就不要怪新人不能成长，所以要批评的不是上面那个人，你们不是很牛吗？号称每个人都是海外归来，经验很足，所以这是你们的问题。

在团队中，如果有人觉得自己弱爆了，还没有办法参与，而且不知道成长是什么，只是在听，那就麻烦了，因为他会慢慢地觉得在公司里没有价值。他们觉得没有价值就会走，不是因为你们多牛，而是他根本参与不进来。那个时候，你们多牛有什么用？你们会越来越苦，因为没有教别人。只有你们花所有的业余时间拼命地教一个不懂的人，他做会了，你才能做更多更重要的事情。所以阿里巴巴每个管理者都要有后备人才，如果你没有培养接班人就永远不能离职，你走了之后没有人接替你，所以每个人都要培养自己的接班人。

当问题出现的时候，你觉得不是问题，当摆出来的时候就是这个问题，而且就在你们面前。每个小组都一样，你们小组谁干了事情？都没有。只是因为这样的情况，我看到了他们的问题。为什么三板斧厉害？因为每个人的问题都是所有人的问题，每个人的优点都是所有人的优点，业务自然会长，人是靠练的。

直言不讳是不成熟的表现

有一篇关于实话实说的文章，**直言不讳的人不是懒惰，是自私。**为什么？你根本没有想到对方听你话的感受。他比你们强很多，但是给人很强悍的样子，她本来很紧张，然后越来越紧张。为什么直言不讳是一种自私？那是因为你没有站在对方的立场上考虑问题。请大家把这句话记在脑子里，真正会管理的人做事的方法是这样的：**站在别人的立场，用别人考虑问题的方式，考虑别人的感受。**只有这样说话的人，才怎么听都好听，而且怎么讲你怎么服气。如果只是讲这是对的，这是错的，这是要求，这是我的习惯，这是我的风格，那为什么要听你的，我也不爽。如果把话说到位了，他觉得爽，说明至少你关心他。用这样的方式才能让人接受。

再重复一遍，站在别人的立场，用别人思考问题的方式体会别人的感受，但不代表着你不伤害他，你只要做到内心在滴血就可以了。如果你为他付出过，他还是不会，当你杀他的时候于心不忍，但还是骂得很凶，这才是管理者。让他知道你因为爱他才打他，骂他，不然对方会说：你只是一个暴君。背后的意义很多人没有体会到。天微老师说，懒惰是因为你没有深刻地思考就直接说了，因为你没有直接深刻地思考。

直话直说是你只是用自己觉得很爽的方式对待别人，而没有慈悲心理。目前为止，很多人就是这么标榜自己：我就是这样人。如果你现在还是这样的话，如果你真的这么想，那么一辈子你就是这样的人，大不了就是这个样子，因为你把自己封闭起来了。如果一旦把自己封闭起来，你就不能再成长，因为你接受不到外部人给你的能量。因为你觉得自己就是这样的人，如此而已。那么如此而已的话，你到目前为止也就这个样子。只有你把自己的心打开，看到每个人的不简单，去体会别人的感受，才能真正成长起来，体会别人的感受其实是一种能力。

什么是慈悲？有一天你看到别人痛的时候你也痛，你看到别人不爽的时候你也不爽，**只有你看到别人痛的时候你去安慰，那才是慈悲。**马云经常说，管理者是孤独的，你以为他傻啊？他是没有办法。当年卫哲在公司的时候风起云涌，做的事情非常棒，所有公司都在亏本，我们公司还在赚钱，所有公司的股价在降，我们的股价在涨。有一天，马云忽然拿把刀说“杀吧”，让卫哲滚蛋，卫哲引咎辞职，马云傻吗？没有办法。卫哲是一个人才，他知道，他走了之后B2B会一落千丈，到今天都没有起色，要退市，马云也知道。但是马云为什么敢下刀子？他没有办法。不杀B2B，死的是阿里系的整个诚信体系。

有一天，马云见到卫哲说："等到30年后，你会感谢我给你一道伤疤。因为你太顺了，你都不知道命脉在哪里，今天这条伤疤可以让你知道未来可长可短，可大可小，但是不要犯自己犯过的错误。"马云敢下刀子给这么牛的人一道伤疤，而且他都知道未来会引起B2B的业绩一落千丈，这个内心需要多强大。2004年创立支付宝的时候，当时大家没有信任关系，怎么都做不起来。马云就说：支付宝做还是不做？很多人说：当然要做。马云说：万一有人坐牢，做还是不做？下面的人哑口无声，因为他们觉得要坐牢也是马云坐牢。后来马云说：即使坐牢，也要做这个事。因为他不做，淘宝长不起来，中国的电商长不起来，即使坐牢也要做。你以为马云得来的首富这么简单吗？他是因为在每个困难时刻敢给自己和别人下刀子，内心非常强大。所以直话直说比有话不说好很多了，但是还不够，需要体会到更多的东西，让别人体会到你的心是什么。

另外，这位大姐不善于言谈，你应该用点方法让她多讲讲。第一次做汇报的时候，被我一句话说过之后不知道如何讲了。现在在台上又不会讲，因为她可能很久没有这么大的压力了，这时候需要舒缓她的压力，让她多问几个问题。大家记得，多问几个问题，然后再抛结论，这对别人来讲好很多。自我批评比你批评她好很多，批评的高境界是让她自己有所意识。只有这样做，我们的管理才能一步步往前走。

我和天微老师的想法一样，直言不讳是不成熟的表现。所以阿里巴巴对管理者的要求是直言有讳。直言，这个事情还是这个事情。有讳是不能这么直接讲，因为你没有体会别人的感受，你要知道别人的感受，要和他有情感的交流。而且你要比他更加敏感，了解他的喜怒哀乐，他的紧张、愤怒、不解和委屈，这样你才能真正地走进别人的心里。

在阿里巴巴有多少管理者因为给下面的一个员工打了1，那个1恨他一辈子，我没有见过几个被打1之后还开开心心的。天璇被我打过1，为什么打过1之后，人家对我更信任了呢？打完1之后别人对你更信任，那是本事。因为别人知道，你打1，不是因为他怎么样，而是因为你真的对他很好才打1，即使他在哭泣，他心里对你也服的。这背后不仅是本事，而且是越来越深刻的东西，这是一个人的人格，你如何对待别人，别人心里都知道，不要把别人仅仅当成完成业务的工具。我们今天好不容易在这里相处共室一天，这是多大的缘分，心里需要有这样的慈悲和境界，才能把1打下去。

这个事情让大家都有所感触，最后一名谁都不愿意当。在工作管理中，和员工谈心谈这么透一年没有几回。但在阿里巴巴365天天天谈心，这是管理者的要求和要素，这些人会成长得非常快，你们也会成长得非常快。在这三天三夜中，可以更直接地看到管理和运营背后的东西，直观地看到每个人的问题。每个人彼此互为一面镜子，可以照到对方的不足与优点。

第二节 团队建设锦囊

三板斧亦如道场

经过三板斧之后，每个学员都会看到自己的成长，甚至做人和做事的方式都会发生变化。因为这三天会把大家鞭来鞭去，弄得“体无完肤”。你以前不理解的东西今天理解了，以前不觉得是问题，今天是真实存在的问题，因为他有的问题你也有。这不是培训，而是非常难得的经历。当你碰到实际工作的时候，会想起来在三板斧碰到的实际问题，当时是怎么处理的，天机怎么讲的，天微怎么讲的，其他导师怎么讲的，这些场景会在你们未来的人生中呈现出来。

如果你们家某一个方案做了三个月什么都没有，凭什么两天就可以做成这样呢？在你们公司至少要花三五个月时间，按照投资计算可能几千万就没有了。如果一个团队像这两三天的氛围、强度以及大家的配合度来做事情，哪一个对手可以竞争得过你们？如果你们公司像今天这样工作，连续做半年或者是一年，你们绝对天下无敌。

阿里巴巴有今天，是因为每天都这么做方案，不停地演化，不停地成长。如果1/3的渠道公司没有办法调整，HR会让员工安安静静地走，都不会闹事，因为这是我们彼此要承担的，离开不是因为公司不需要他或者是HR要干掉他。

在这样的场合中，不仅收获项目，还有更多的团队和朋友，以及一生走下去的一群人。三板斧的学员会成为一个小群，然后是一个大群，每年我们做三板斧聚会的时候，大家一定会亲如一家人，这里不是教学场，也不是简单的培训场，这是道场。这样才能让大家感受到远远超过事情之后的人，超过人背后的哲学，超过哲学背后的道。

三板斧未来可以研发出各种各样行业的版本，地产的，培训的，计算机的，创业的，等等。我们的初心就是帮更多的企业，如果他们把这个模式学走帮更多的企业就很好，这就是初心所在。这个没有关系，我的心很大，这里每时每刻都在考验我的道心。有人说，等到哪一天这个放到电视台播的时候一定会红遍全中国，三板斧的价值太高了。这里看到的不仅是项目一对一的演化，更多的是看到每个人在这里转变和挣扎，这些东西是真实的。大家因为种种缘分聚到一起，所以要好好珍惜。

我们带的团队成员每个人的能力有可能不足，但是只要每个人做事很认真，而且很谦虚，甚至带着自卑，往往这种自卑能成就大业。

自卑能成大业

我看完《杨澜访谈录》之后恍然大悟。一位是陈凯歌，一位是冯小刚，中国最牛的两位导演。冯小刚讲他最开始拍《甲方乙方》的时候，一堆人骂他，这个人真差，但是票房奇好。后来，采访他的时候，他正在拍《唐山大地震》，杨澜问他：这么多年，大家认为你是商业电影的导演。你成功之后，为什么还在拍新电影，内心的动力是什么？冯小刚说：我内心最大的动力是我很自卑。你这么成功怎么会自卑？冯小刚说：我很自卑，我不是导演出身的，我是自己摸爬滚打自己慢慢拍出来的。葛优也是如此，他老爸是中国著名的表演艺术家，他被老爸扫地出门，天天跑龙套，只是想做得比现在的自己更好一点。然后杨澜问冯小刚拍什么戏？冯小刚说就拍两种，一种让他哭的，一种让他笑的，反正剧本让他有感觉就拍。后来他拍《唐山大地震》的时候，是因为看了余华写的一本书，最后一页写的是，他的女儿恨他父母，唐山大地震之后，他的爸爸救了弟弟而没有救她，她最后被别人救了。所以她一直恨父母，因为父母不救她。可是她最后回到老家的时候，看见站在阁楼上的妈妈的时候，觉得脸上好痒，一摸，满脸是泪水，十多年时间，血浓于水。冯小刚说看到这里很感动，所以拍出来，他说我只拍对情感有打动的戏，所以他的戏或者是哭，或者是笑。如果问他最不喜欢什么人，他说：“我最不喜欢天天拿教条道德教育别人的人，好像自己是救世主。”

然后我看到陈凯歌的访谈，他正在拍《赵氏孤儿》，陈凯歌洋洋洒洒讲了很多。当时拍出了经典之作《霸王别姬》，后来拍《赵氏孤儿》，杨澜问他：为什么拍《赵氏孤儿》？他说：因为中国没有诚信，缺乏信仰，要教育中国人，所以要把《赵氏孤儿》电影拿出来，站在道德制高点指导别人。我终于知道他的电影为什么越拍越差，而冯小刚的电影拍得越来越好，因为他自傲，而冯小刚自卑。马云的朋友说马云是很自卑的人，从小就自卑，现在还是很自卑，他真的什么都不会，连电脑的标点符号都不会打。因为自卑，他就不停地找所有比他厉害的人一起做事情，他天天找人求人，否则他什么都干不了，但是又想干点事情，只能去找人。自卑是人性中最光芒的力量，有所敬畏，你知道谁比你厉害，这样反而格局会大。

鑫苑小组分数越来越低，你们缺的是什么？倾听和敬畏。你们确实很厉害，但是在阿里巴巴我见过太多非常厉害的团队最后什么事都干不出来的，在阿里每个拎出来的人都很厉害，但是有些也做不了什么事，因为太厉害了。在这个世界上，比马云厉害的人千千万万，但就是做不了事情，只有马云可以把事情做起来。这个世界上能力强的人遍地都是，但是怨声载道，生不逢时的人太多，有能力但没有用，或者有用在被别人用， 这是因为没有敬畏之心。

我也带过很多牛的团队，但这个团队当时没有人要。我带过O2O的市场部，整个O2O团队一半的人都是我招的，都是很牛的人。后来我调到市场部的时候，别人带品牌事业部，其中有几个品牌事业部不要的人，由我招过来，我舍不得他们走掉。结果我们这个团队把事情干得很好，那群很牛的团队两年什么事都没有干出来，这几个别人不要的人什么都干好了，干得很牛。不是他们不厉害，只是你没有让他们的能力发挥出来。

太厉害的人往往会忘记自己要干什么，如果你还在表现自己，证明你没有投入到工作中来，如果你连自己表现都不知道，这是最可怕的事情。你在表现自己有多牛，牛有什么用？解决问题了吗？这是核心所在。把心放下来，因为信任所以简单，大家把骄傲的心放下来，让自己像傻瓜一样去思考，去问别的小组如何看，这样你们才能进步，否则只能原地踏步，那么在整个大组中你们就是退步。我知道你们今天在下午的时候一定会出问题，因为几乎全部被推翻，很多团队在第二天方案全部被推掉了，因为没有意义。

最牛且最自傲的人都是在今天晚上翻船，只要那个组长很牛，基本上第二天晚上会翻船，因为他们几天做的事情都一样，观察员都看不下去了，因为你们没有把自己放下来去吸收别人的东西，听完之后没有真正地做起来。你们要放弃以前的方案，那个方案其实是一堆狗屎，也许明天还是狗屎，问题是，我们的心放下来之后，你慢慢会找到一条路。那条路一定是你放下来之后敏感地发现是什么，去发现别人的需求，点燃一个小小的需求就是很大的事情，所以要把骄傲的心放下来，这是你们这组最大的问题。

老板就干三件事情

第一，找钱。老板要找钱，拼命地帮团队找肉吃，找钱、融资、拜访，只要团队有钱就不会散，团队一旦没有钱，团队再好基本上散架，因为这是常理。只要你的手上有钱，团队就会往前走。

第二，找人，去各个地方发现人才，找牛人过来，别人没有办法帮你找，所以找人是老板的事情，不是HR的事情。你们去别的团队可以看看人才，说不定可以挖墙脚。

第三，老板喝茶，到处去看，去学习，去了解，去与人交流，多和朋友聚会，带回新的思考给团队。所以老板不要总在家里做事情，如果你把前面的三件事情做好，家里的事情一定可以管好。

在一个团队中，如果你们发现老板的分工不够明确，跟老板说，这个分工任务交给我，我来分工。我是诸葛亮，你是皇帝，这样不是很好吗？为什么有些人怎么做老板都喜欢他？一个有道的人，一个懂礼的人，说大道如水，他高，我不淹没他，他低，我就帮他掩盖掉，这是你的本事。

你以为每个老板都很厉害吗？其实，老板大部分不很精明。唐僧不傻吗？什么都不懂，孙悟空都发现是妖精了，还不让他打。孙悟空打了之后，还把他赶走，这不傻吗？老板都是这样的，老板唯一不比你傻的地方是他很想做一件事情，那件事情比你们坚定。他很想把这件事情做成，他有这个心。孙悟空在哪里？师傅念紧箍咒都要去打妖精的人才是孙悟空。猪八戒在哪里？师傅，哪里不舒服，帮你按按。把问题暴露在团队之间，不要暴露在老板和你之间。沙和尚，典型默默无闻的同学，一直往前走。你们的孙悟空和猪八戒在哪里？这背后不是一个人的问题，是一个团队配合的问题，是你们心的问题。

你们明显地看到，今天第三组做讲解的是何老师，换一个人讲的话可能100分都没有。你们团队有这么厉害的人，为什么不好好用？何老师为什么不勇敢地承担责任？因为你进来的第一天觉得自己是带班过来参观的，第二天上午还是如此，到今天下午的时候，我说了一句话之后，她要开始承担责任了。组长将团队的方向安排给何老师，如果何老师讲不清楚方向就是1，何老师分工，如果她讲不清楚，她就是1。这样团队才知道自己要做什么。

第四组，组长最大的问题是弱，性格太弱。昨天我回家，我老婆看到我说：老公，你怎么这么严肃？平时上课谈笑风生，这是三板斧，我入戏很深，一开始就入戏，你的板斧在哪里？做组长的人要强硬在人上，你带团队的时候是有问题的，问题是没有了解清楚人，而且你在这件事情上的理解程度不够，组长不要轻易指挥小组业务问题，除非你真的很厉害。这几个组长都不是能力很强的人，观察员有意选这种人，这种人才能把芸芸众生中各种各样的态度照出来，组长就应该是唐僧这样。

四个组都有老板，老板什么都强，那培养你们干什么？团队的成员，尤其是副组长，有几个人站到台上？大家都不认识你们，你们都没有上过台，三天之后什么收获都没有。为什么要让他们来讲？同样的事情，一个人把事情说两遍一定烦，心理学上叫“不要不停地出现在台前，除非你很牛”。天机老师的课在你面前讲三遍，你也觉得烦。所以，你是否安排好了让每个团员展示出来。为什么刘备的兄弟这么喜欢刘备？刘备跟着兄弟一起打仗，但是庆功的时候都是让兄弟们站出来，兄弟们都很喜欢刘备，这样打仗有成就感。你为什么不让他们展示一下呢？如果你觉得很好，就让他们讲。

业务确实很重要，但要把50%分给团队，你可以让团队的人上台讲讲，万一他们讲得不错，比你讲得好呢？也许他们对你产生审美疲劳了，团队的其他人为什么不让组长信任你们，你们讲得比副组长更好，为什么组长不信任你们，你们要想清楚，要么是自己表达能力不够，要么是参与度不够，要么是自己能力不够，要么是自己主动要求不够，所以管理不是一个人的问题，是所有人产生的问题。当用这种方式思考业务和管理的时候，感觉会不一样。

> “一个优秀管理者一定是一个优秀的自我管理者。”
>
> ——德鲁克

在座的各位管理者，把自己的心管理好，以最真实的状态出来，也就是说，你内心中一直跳动的想成为本我的自己，你想成为那样的人，那是最真实的，你把本我点燃之后，要按照最完美的方式表现出来，如果不行，希望往最真实的我再走一步，这是每个人真实的自己。

慈不长兵，义不长财

作为一个领导者要注意自己的威信，威信要如何建立？如果把10个想法丢出来，有5个想法被组员客观地否掉了，你的威信可能会打折。我当时跟他说要注意自己的威信，让别人先讲，他执行得非常好。谈完之后，他很好地按照沟通方式执行，而且效果也出来了。所以这位组长是非常吸收营养的人，不管我们说得对与错，他都可以很好地吸收，吸收之后马上消化处理，然后实施进去。这是很宝贵的能力，可以把别人的营养吸进来，然后应用到自身，这是很大的转变。

我做了将近10年的老板，一直信仰一句话：天下无无用之兵。这是我一直奉行的，一个团队出问题一定是老板的问题，如果一个小组出问题一定是组长的问题。这是一句深入到我骨子里的话。这句话的意思是，兵已经是最底层了，组员是最底层了，难道你让他生命都没有了吗？打仗时只要会活动的人就是有用的，何况你这里有这么多人，而且还真的有当过兵的。如果我是你的话，没有别人的责任，只有自己的责任。

这是很典型的管理思维，这叫妇人之仁。为什么这么说？组长问他杀一个人还是五个人，他说自杀，那个团队肯定会散掉。实在没有办法才会自刎，然后全军覆没。如果你这样带军队，迟早会全军覆没。哪有这么想问题的？这是不负责任。

团队只有两种人该杀，第一种是野狗，他不听话，无论能力有多强，都要杀。另外是小白兔，很听话温顺，说什么做什么，但是就是比别人慢一点，那么也要杀。如果不杀，就是在影响整个团队。除了第一名，后面五名排不出顺序，你根本没有关注到，那些人中谁按照你的标准做得更好一点，要么不处罚，要么处罚所有人，也就是说，你是否在这个团队中对他们没有影响，你是多余的。

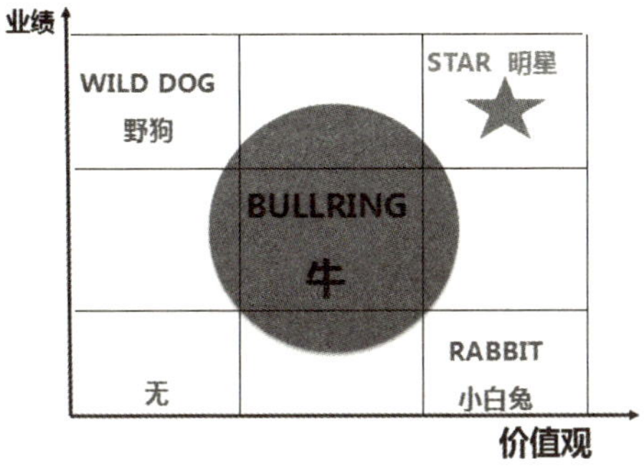

杀错就杀错了，怕什么？错了就错了。当时诸葛亮是怎么杀马谡的吗？不知道。但是杀了就杀了，不然团队怎么做？以后记得要狠一点，不要妇人之仁。妇人之仁会害死整个团队。做管理者，慈不长兵，义不长财。一定要记住这句话。

第三节 管理者的故事

管理者：任重而道远

在军队中也有两个角色，一个叫军长，一个叫政委，市长身边有书记。在党的管理中有阴阳两条线，这是党打胜仗的原因所在。政委或者组长在公司中做一把手，由军长带兵打仗，这两种力量一旦在团队中的作用发挥出来，肯定不得了。

当年马云为什么做政委体系，因为他看了一部电视剧，叫做《历史的天空》，里面有一个土匪叫姜大牙，后来来了一个政委叫东方闻音。在东方闻音的引导下，土匪最后被感化成为了中国共产党的将军。马云看了之后说：以后我们公司的HR不能叫HR，他不是人力资源，他叫政委，他负责文化，负责大家是否开心，负责大家心里是否有隔膜，主要是负责这些。所以政委在阿里巴巴是非常关键的岗位。

第二组的组长角色更像政委，把大家凝聚起来，制造冲突或者避免冲突，让大家有团队的感觉，这样的方式很重要。另外，我看到了组长和副组长选择第一名、第二名、第三名的争执。排名的时候，她说：我来决定。她在人上很强势。副组长要求自己成为最后一名，对不对？说对也对，说不对也不对。因为有这个心理，有这句话就是错的。为什么有心是对的？作为管理者，小组的任何人好还是不好都和你有关，好是你的福气，不好就应该帮他。所以有心是对的，有话不对。话讲出口之后，你给领导出难题，领导到底是给还是不给？如果最后一组是这样的话就麻烦了。你在考验领导，他把你排在最后一名，你真的会舒服吗？

第二，有了这个心之后，下面的团队如何看？作为副组长，要帮助组长，既鼓励团队，又要让团队中不合时宜的人离开，你要勇敢地帮他筛选人。在明天我们可能要调节人，组长如何调人，凭什么调人，让谁成为最后一个能服气？万一开除的是你，那你怎么办？当年姜大牙为了打日本鬼子，拿着大刀去砍，还抢了几杆枪。后来当了军长，还拿大刀砍日本鬼子，但被骂了。所以，你要知道自己是干什么的，万一你死了之后，后面的几万人都会死掉。你不能逞一时之快做决定，当你出了问题之后，整个团队群龙无首，全部会被歼灭，你知道有多大的危险吗？这叫匹夫之勇，一个副组长开始逞匹夫之勇的时候就开始出问题，好心是好心，但是不要做坏事，有很多坏事都是好心做的。

请问组长，最后鼓励和奖励这个人，到底是用好心办坏事还是什么，虽然说因为信任所以简单，但是请各位把信任多想两层，这样才是管理者。

孔子有两个弟子，一个是颜回，一个是子贡。子贡很有钱，颜回很穷困。子贡和孔子巡游天下的时候，子贡就“学雷锋”。鲁国有法规，当你从国外买回来一个鲁国的奴隶，花了一两黄金，回国之后，国家给你二两黄金。所以很多鲁国人靠这个盈利。但是由于子贡这个人有钱，而且跟着孔子，很有学问和德行，他学雷锋，花自己的钱把人（奴隶）买回来，由于自己有钱，所以他也不留利留名把奴隶给国家，不要国君的钱。所有人称颂子贡是好人，是非常有德行的人，所有人都说他好。只有孔子知道这件事之后就骂他：子贡，你是个无父无君之辈，以后鲁国被灭了就是因为你这样的人太多。子贡很不服气。

而颜回很穷，孔子评价他说：颜回，你好厉害！一瓢食，一坛饮，人不堪其忧，悔不改其乐。说明你这个人只把学问当成喜欢的事情，苦难生活对你来说无所谓。他很喜欢颜回。有一天，颜回做了一件事情。他路过一个地方，看到一个小孩子掉到水里了，他马上把小孩救起来。这个事情被小孩的父母知道之后，父母把家里的牛宰了，让颜回来吃。颜回从来没有吃过肉，可他不仅把肉吃了，还带了很多肉回家。在那个时代，八户人家一头牛，但颜回把牛吃了，而且还把多余的肉带回去了。所有的人都骂颜回是小人，只不过伸了手而已，怎么可以吃掉别人村庄里的牛，还把牛肉带回家，所有人骂他是小人。但是孔子知道之后，对颜回说：颜回，你做得对。如果以后鲁国人相亲相爱，就是因为你这样的人比较多。讲完之后，子贡就不开心了，说：师傅，你口中一套，心中一套，人家都骂颜回，你却说他好。别人都说我好，你说我坏，不跟你混了。你这是心里一套，实际一套。孔子说：你知道吗？自从你学雷锋，国家宣扬你的雷锋精神之后，没有人再在别的国家花钱买人到鲁国，因为只要有人干了这个事情，会说他是靠买卖人口赚钱，人家子贡多么的伟大，多么有德行，人家不花钱，为国家送钱送人。鲁国本来有3万人可以回国，但是你一年救几个人？子贡说，我一年救8个人。因为这8个人让鲁国3万人不能回国，以后鲁国人口会越来越少，有一天鲁国人会灭亡。子贡听了之后仰天长叹道：我错了。

又有一天，孔子跟颜回说：颜回，你做得对，虽然他们都骂你。但是每个骂你的人都在想：为什么救小孩的不是我呢？我一辈子都没有吃过牛肉，连牛屎都没有见过。各位记得，只要这个人在骂那个人，肯定心里在想：为什么我不是他。因为人都是凡人，我们越骂它证明我们越想要这个东西。后来孔子跟他们说：我们作为管理者，不仅要考虑到这件事情是否是你喜欢的，是否是你爱的，是否是你要的，还要知道，这件事情推而广之到天下之后，对整个社会是什么样的影响？如果是好的事，被骂都是好的。如果结果是坏的，怎么表扬也是小人。什么是君子？君子是为国为民，为整个时代开先河的人。

每个管理者的每一个动作都会对你的小组产生致命的影响。你刚才选这种人的态度和方式，会决定他们明天成为什么样的人。最后一名，要么是明天这个人继续这么干，让你团队穷困潦倒，让你觉得Hold不住，要么变成另外一个人。组长做的任何一个动作都会被扩大化。

管理者的目的：给人方向

有时管理者需要反省，是否没有你团队会更好一点，如果确实是这样的话，就赶紧离开。当一个老板制定好KPI，突然间变了，下面的人哑口无言，而且不知所措，然后你给了一个很好的理由说要爱护弱者，他身体强壮，需要减肥。这是管理者思考的问题吗？管理者该赏就赏，该罚就罚，管理者心中必须有标准，没有那把尺子，你怎么敢做管理者。

管理者心中有一把尺，不能松，松了之后害人害己，**管理者的目的只有一个：给人方向。**唐僧有什么厉害的地方？错了就念紧箍咒，念了又怎么样？是念错了，最后发现自己错了，向团队道歉就可以了。

当年我和逍遥子一起的时候，有一次逍遥子发现做错了一件事情。他问我们：你们和商家说了没有？我们说已经说了。说了就做，错了就错到底。做老大就该“说出的话，泼出去的水”，做到底，错也错到底。大不了道歉，但是，只要你们说了，今天不做，以后说话永远没有人听。黑社会的老大都一样，错杀也是杀了，问题是刀下去了忽然砍到旁边去，下次谁敢相信你？谁敢相信管理者做事的方式。这些东西对团队和管理者都是致命的，团队不知道老板的标准是什么，标准讲清楚了，一上去忽然变掉，团队会变成一盘散沙。

团队放任自流，如果打仗，这个团队肯定灭掉，擒贼先擒王，先把将军和皇帝干掉之后，整个团队没有人指挥，一定是一盘散沙，一盘散沙的团队马上被人吃掉。因为没有人管他们，怎么可能胜利？没有人管还好，你走了自然会出来一个会管的，问题是，你屁股坐在这个位置上，大家知道你是老大，万一其他人出来管，你没有授权，你把他杀了怎么办？

不管理，这是管理者最大的失误。原因是什么？做一个错误决定，都比不做决定来得问题小。最大的问题是不做决定，因为不做决定，团队所有人都不知所措，过一会儿就军心涣散，再过一会儿全军覆没。如果错了就快速行动，最后证明是错的，然后再开始下一轮，只要团队团结在一起，总能找到正确的路，最怕的是我们停在那里等。

"宁可一思进，莫在一思停。"

——《一代宗师》

宁愿慢一点，也千万不要停下来等着别人。只要一等就死定了，宁愿做错误的决定，但走着走着就对了。无论你们做什么项目，走到底都是同一个东西。不管做咖啡店、酒店、茶馆还是商场，做到最后都一样的，没有区别，因为还是那个思想，最后出来的还是那个方法论，还是那套工具。只是情景不一样，细节不一样，流程不一样，如此而已。但是不要不前进，再这样等下去，你们三天什么都没有。

作为管理者，你比别人承担的责任多很多，因为他们的生死存亡都在你的一举一动之下。这个管理者从头到尾上台面带微笑，那是隐藏了自己内心，要去听别人讲的感受，这种感受很难受。这个人可能在工作中做得很好，那个环节他很适应，但是他在这个小组中所表现出来的东西，让其他任何人尤其是四个小组的老板需要反思。刚才说的情况，在你们实际的管理中是否存在同样的问题？有的时候就是缺位，让团队不知道怎么办。有时候没有标准，刀乱砍，或者根本给不了方向，这就很麻烦。

大家要思考表象背后的东西，如果不去想这个行动背后的东西，那么在以后的工作中会犯更多的错误。

如果你们碰到这样的管理者怎么办？如果你们是这样的管理者怎么办？ 你们身上可能有种种问题，只是都不知道。你们知道他多煎熬，他在不屈不挠做事情，最后被你搞成这样。

管理者在公司里是怎么干事情的？管理者的任何错误都由员工承担，因为你不知道。你做任何决策，对了肯定有人受益，错了一定受罚。这些老板一个错误可能要损失一个亿，老板做错事情，做得不好可能会跳楼。你们老板是否都碰到过这个问题？那个时候怎么承担责任？管理者要承担责任，怎么可以劝别人当逃兵？他是当兵的人，当逃兵就是让他死知道吗？

管理者内心最重要的东西是什么？管理者的魂是什么？宁愿西驱而死，不愿东归而活。你们心里是如何想的？这个国家没有办法待了，赶紧走。天下兴亡，匹夫有责。

绝大部分企业缺什么知道吗？为什么三板斧的老师也会哭？每次我都会哭，因为有些东西会让你心痛。那个人怎么可能会被惩罚，怎么可能这样对待团队？这里看到的是小小情景，你们没有看到情景背后当它稍微放大一点点之后的样子，再放大一点点，变成一个皇帝或者管理者之后的灾难是什么？如果再放大一点，变成一个暴君的话，那就是希特勒。管理者需要找的，永远是内心最真实的东西，点亮内心的东西。人间有些地方很黑暗，去点一盏灯，有些地方很寒冷，去点一把火，这是我们做的事情。

无能管理者下场：崖山海战

中国南宋时期的皇帝，被蒙古人追杀，一直追到广东，广东有个地方叫崖山，在这个地方，南宋最后一个皇帝、皇后以及大将军围了一个水洼，最后抗击蒙古人的进攻，他们在这场战争中失败了。其实他们手上有上千条船，只要再往南航行几百海里就到了越南，但是整个军队10万人在皇帝跳海自杀之后，全体军民都跳海自杀。崖山海战之后，日本人全国举国跪地7天，朝向南宋，认为中国已亡。在此之后的中国已经不再是中国了。

不仅如此，10万人跳崖自杀之后，所有岸上80%的人上吊自杀。在这之后，全中国的其他汉族人听到这个消息，也有大量有骨气的人自杀。在那个时候，当时南宋灭亡的中国死了多少人知道吗？接近1亿人，为什么叫湖广填四川？因为蒙古人杀到四川之后，四川有几十年没有什么人口，这是人类历史上最大的屠杀和死亡。

为了什么？因为管理者无能。大家要知道，作为一个管理者，一个国家可能为你而亡，全体国民自杀。作为管理者，不要以为自己下不了狠心是仁爱之心，但其实是最狠毒的心，你们是视团队所有人的生命不顾。南宋灭亡之后，中国人的食粮被打断了，从此以后没有士大夫了，也没有傲骨了。我曾经去崖山海战的古战场去凭吊。我看了当地的情况，到现在为止，中国政府没有在那个地方立一块碑，只有民间的设施。为什么？那才是中国真正的耻辱，比抗战八年耻辱得多。仅仅是因为管理者无能。

第四节 移动互联网产业升级的背后思考

目前行业发展中，遇到最大的问题是所有的行业里信息发展的速度超过了曾经的时代。每个行业在营销、管理、信息对称上做了很多事情，这引起了所有行业的巨大转变。随着行业快速的发展，每个业务都在被产业升级。

天猫下凡

三板斧现场

有一个故事，一个90后的小孩从早上8点到晚上12点都不起床，他可以待在家里，什么东西都可以送上门来。这样的业务发展得非常快，人会越来越懒，连周围800米的空间都不愿意下去，都要送上门。未来只要快递能送上门的服务都会被这种业务取代掉。而要送上门，一般只有两个比较关键的入口。

一、物业。本身具有天然的送上门的优势，别人进不了门，信任度和安全度不够，而物业是天然的入口。

二、社区中的人员本身。谁在社区有一定的服务性或者有人际关系，那么他的成功机率比物业还大。物业只是一个机构，而跳广场舞的大妈一定可以走进千家万户。

所以一边是物业派，一边是社交派，都会往送上门方向去走。

淘点点做了一个业务，叫做社区超市产品，也就是所谓的共享经济。淘点点的业务已经做了23个城市，他们要做社区周边生活服务商，任何东西都可以在淘点点上下单，然后送上门，送上门是很大的业务环境。

送上门做好之后，周边的超市以及很多需要开车去买的服务得到演化，社区超市发生了巨大演变，演变成了**“天猫下凡”**。

以往门店需要有人维护，而且超市里琳琅满目的商品没有特色。“天猫下凡”是一种新的模式，能够在社区打入到大家的生活周边去，而不是找一块Mall或者商城让人去那里，那就麻烦了。

即使是万达，人流量还是越来越少，因为大家会越来越懒，不愿意到你的地方去。所以人在哪里，货场就在哪里。有人就会有人场，有场就有货的流通，有了人和场新的商业模式会发生变化。

天猫下凡有一个消费场景的问题。在办公室的场，最好的理由是方便和极致，叫做10分钟送达。如果在社区，也许宠物咖啡很好，因为在社区的O2O中，大家家里都养着宠物，家人上班没有人照料，如果你可以照料好也不错，那么，宠物可能会成为社交的重要平台。

天猫下凡的另外一种方式，将400平米的社区店改造成10万平米万达广场的概念，通过O2O，在小小400平米的空间里放上10万平米的商品，和你家里一模一样。所以家庭式的体验馆会成为很多社区超市的重要入口，由于体验馆面积有限，我们还要加上APP，或者是iPad下单功能，而服务人员可能是跳舞的张大妈，他们一家人可能不用去别的地方上班，就在这个地方上班，天天聚会，因为可以免费吃饭和喝茶。

另外，人在什么地方？高端的人在茶馆中。所以有了11Star茶馆众筹，这是国内目前最高端的一批人，他们在茶馆中聚集，虽然是一家简单的我发起的众筹茶馆，一篇文章却换来了200万的众筹资金。三天时间筹集200万资金，最核心的问题是，凭什么这样的方式可以筹集到资金？在这样一个大家看似简单荒谬的地方有很深的商业逻辑，在未来的商业中都会遇到这个逻辑。

未来的商业逻辑

第一，越封闭，越开放。

今后的营销是封闭系统，不是开放的系统。

基于移动互联网的产品——微信天然就是封闭系统，它不是开放系统。

什么是开放系统？我要找你马上就可以找到你。而封闭系统是我要找你必须得到你的同意才能找到你，我对你设置了瓶颈，微信是比电话还要严格的筛选方式。比如我知道美女的电话号码就可以不停地打电话骚扰，但是即使知道微信号码，你要加我还要得到我的同意，这本身是封闭性。为什么微博是一个相对开放的系统？我只要加你就可以加，除非你把我拉黑，我加你不需要你同意，所以它天然是开放的媒体系统，而不是一个封闭的社交系统，这两个完全不一样。但是，为什么微信现在有很大优势，就是因为封闭系统更加具有链接性，可以链接更多人。 越封闭越开放，封闭的是什么，开放的是什么？我们拒绝的是商业，拒绝主动推送给我的商业，开放的是迎接彼此信任的人。商业正在以货和服务为链接演变成为以人为链接的新商业模式。

核心是人和货的问题。当我做众筹茶馆的时候我的思路也很简单，寻找一群彼此信任的人，而不是找这个人或者这个货。我并没有找茶馆中谁去喝茶进行营销，我在微信上发第一篇众筹茶馆文章的时候，我有意没有做商业模式的解释，因为这之前有两个案例让我思考了很多。

一个是我参与的自媒体联盟，在联盟的体系中，我们彼此并不是对方的员工，但是我们彼此可以赚钱。由于我们都有自己的微信粉丝群，于是我每天都可以得到一个邀请：天机老师，给我发一条微信，我给你一千块钱。确实发微信可以拿钱，因为我在行业里是关键节点，可以影响很多人。

我们一共有284个人，这个群成立才一年半不到的时间，但是已经估值1.2亿元，我们这群人在里面都可以成为自己粉丝的聚集地，也可以成为我们的商业基地。284个人每个人转一条微信是1000元，我们一天可以拿到28万，一年365天，差不多可以收入一个亿。在2014年，这个群的收入是6800万元。今年我们会做到接近1个亿的收入，因为有更多人需要我们去传东西。每天传一条微信，284人就可以成就1.2亿的群。你们没有对天下人进行一轮筛选，但有人把自媒体的人聚集起来干了这件事。

第二个故事，我有一个朋友，他在微信里建了一个群。

他说要进这个群需要给他三千块钱，有人进来吗？

有人问：这个群里有谁？有没有习大大在里面？

他说：没有。那么有谁？

他说：你进来就知道了。

那里面谈什么事情呢？谈股票吗？

他说：没有，如果谁说话就踢出去。

那为什么要进这个群？我也不知道。

于是有人真的给了三千块钱进了这个群。那个人就是我，进去之后果然不一样。为什么？这个群的人出来之后最后都成为了好朋友。

他认为一个莫名其妙给人钱的人一定不差钱，而且对新事物感兴趣，喜欢冒险，这种人就会越来越成功。他说他正在用这样的方式对人群进行筛选。

群里的人不准说话，只能官方说话。比如官方会说我们在某一天北京聚会，于是我们都去见面了，而且之前都没有见过。当时我们说在北京聚会，结果群里50多人都过来了，大家见面以后很开心，很热情，因为大家是一样的人。

加入这个群之后，出现一个很奇怪的现象，每个月我会莫名其妙接到包裹，有人送我漂亮桌子，过了不久之后，又有人送我茶叶或者是茶具，每个月都可以得到三个包裹，结果三个月之后这些东西加起来差不多有三千块钱。

所以一定是先体验，先服务，后消费。如果你还像以前，先买单，再服务，这样很难，连送都不一定送得出去，何况是卖呢？

所以大家要特别小心，我们的第一环节是：越封闭，越开放。找到一个关键结点，才是营销的核心命脉。我们不再以面的方式做传播了，而是以关键结点做传播。所以封闭、开放是辩证的。

在营销中有一个思维，叫做主动思维和被动思维，主动思维不再有效果，被动思维才开始发挥作用。

什么是主动营销？我们看到一件事情之后，开始主动地推送给客户，去买电视广告、网络广告、报纸广告、路面广告等等，都是为了让不了解的人了解你，这叫主动营销。

什么是被动营销？什么都不做，只把自己的产品和业务做好，这个是被动营销。举个例子，主动营销是给你猎枪去打猎，被动营销是你坐在树桩上，等着兔子过来撞死。在这样的场景中，由于我们的信息过剩，主动营销被人拒绝，而被动营销会让人接受。

我们需要思考的是，主动营销没有价值，被动营销的价值会越来越大，但需要我们花更多的心思在产品和服务上。消费者为什么买你的单？你到底在什么地方可以让消费者对你赞不绝口，那才是你的核心。

你要做什么事情，首先回答一个重要的问题，谁是你的客户？为什么他要买你的单？这个问题没有想清楚，后面所有看似美妙的商业规划都是空中楼阁，无稽之谈。因为你根本没有分析清楚消费者的心理需求，不是因为你有这个货，而是到底是否有人有这个需求？从需求出发，不要从资源出发。你们有见过哪一家互联网公司有很多资源吗？互联网公司和O2O创业成功的人就是什么资源都没有，然后做得很好。你们有资源，资源本来是优势，但是由于你们的想法，资源可能会变成负担。

做茶馆的时候，我故意在半夜12点的时候会发了微信，众筹最高11万，当时问有没有人愿意参与，而且没有具体的方案，很奇怪的是，从12点到1点半接近40万元的钱打进我的账户上，原来这么多人没有睡觉，只是看到了我的微信，而且都不知道我的方案就把钱打过来了。还有人问：天机老师，这个怎么做啊？怎么落实啊？我都很不好意思，因为我也没有想清楚，我只让对我有信任的人进来。即使给你看方案，其实你也不一定懂，所以信任最关键。

进来之后，有人说看到我的茶馆方案了，说想要来支持，我问他：你知道我做什么吗？他说，我不知道你做什么，因为你是我朋友。所以，这是未来商业的链接点。

第二，弱关系，强链接。

三板斧现场

关系越弱，链接可能越强。因为我们在这样的信息社会中，不是以人，而是以人格来生存。

举个例子，我自己的微信中有很多群，这个群是阿里巴巴的老朋友，那一群是商家，这个群是学佛的朋友，下一群是打乒乓球的朋友，每个群都有自己的人格在里面。比如在学佛的群里，我永远只谈修行的事情，不谈别的事情。这就是人格化的群和人格化的生存方式。

当时有一个人看到我发的茶馆众筹文章后，他说：天机老师，我要支持一下。于是马上给我账户打了11万，我对11万的人要求很严格。

我说：你认识我吗？见过面吗？

他说：不认识，也没有见过。

为什么？他说：我看过你一篇文章。就是因为一篇文章，让他在某个时间做抉择的时候影响了他，他觉得他信任我。

但是问题来了，为什么看了我一篇文章就信任我呢？因为他信任我写文章背后所表达的人格。

文章是《看完一篇，过完一生》，人生很贪婪，如何让人生不贪婪。他就因为这篇文章，和我产生了这么强的链接。

同样一个88年的小孩，每天都在骑自行车巡游中国，这个小孩子给了我1111元，我想把钱还给他，因为这个小孩可能目前总共就1万块钱，他拿了1/10的财产给我。

而对我而言1111元不算什么钱，我准备把钱还他的时候，有人说不要还钱。因为还钱给这个小孩会伤害他的心，他会觉得天机老师看不上我，或者不带我玩。后来我说，这个钱无所谓，我们可以换一个方式做。

未来小小11Star的每个人都是有温度的人，他们会帮助很多人实现梦想，很多人的梦想在这个群里会实现，因为有这么多人在帮助同一个人。我们反而在那样的地方链接得很紧。

管理学有个很有意思的地方：越不管理，反而越快，越管理，大家的效率越会降低。这是信息社会的机制。

不管理的背后是有机制的，我可以不管你做什么项目，你的项目一定会越来越好。不是我们没有管理，因为我们有机制和渠道，我们把这些建好。就像我们把渠修好了，水会自然流动。我们修好大家的渠，一定会从小河走向大海，这是本性所在。

关于管理我们社群想了一个动作，一份1111元，最大份数11万元，你随便买多少，你买了之后，给自己加上几摄氏度，不用我记账，你自己记。因为自己记账自己看。

第二，万一你要加一份，自己写自己加，你说要走，没有问题，把钱全部退给你。用这样的方式自己管理自己。

我们的群规是最多的，以小时记群规，早上6点钟开始发红包，晚上11点钟都不准说话，不然就会受到批评。管理1000人的群需要30个人，如果我们都干这个事情就都完蛋了。所以用了一个小方法，我们征集志愿者，大家每天干一点事情，每天事情有很多志愿者在干，用他们管理他们。

有一个1535茶馆，这几年，他们的合伙人一共做到了6800

人。用这样的方式，可以让人的链接非常多，如果有一天天机合伙人有1万人，一定要分类，不同的人在不同的群里，大家可以各得其所，分门别类地管理。

有时候我看群里在讨论，为什么要让别人知道这个人是1份，那个人是100份。我想把摄氏度干掉。我为什么要把人分类呢？我问了天微同学，他说这是好事。

天微说，不能把摄氏度去掉。首先这个代表温度，我们是有温度的社群，未来的商业需要有温度。第二，不要想着我们在区别人的三六九等，因为社会上人就是分三六九等，不是因为他交多少的问题，这个小孩只能给这么多钱，如果他真的有很多钱的话也会给11万元，但是他就有这点钱，而他的心很重，我们要反过来思考去帮助这个小孩。

于是我们有了每天帮人圆梦的想法。这是弱关系强链接的时代，如何和陌生的人产生强链接，背后是人性或者是人格。

第三，零摩擦，新商业。

现在的商业关系，都叫契约制。即我要用什么东西，要给我一个保障。

举个例子，我买你们家的东西，我要把东西送给你，那个东西是合同或者是契约，我送给你，你才把东西给我。为什么你给这个东西需要契约？我们生下来在中国就离不开中国，我们虽然和中国没有关系，但是我们要用军队的方式把弱关系变成强链接，婚姻本身也是没有关系的，但是国家法律固定下来了，因为这有利于社会的稳定。

所有以往的商业往往都要签合同，原因是什么？万一你骗我怎么办？以往的商业由于信息不对称以及欺骗成本不够大，很多人担心商业欺诈，所以签合同是以往商业的基础所在，这是契约制。但是另外一种契约比书面的契约来得更加有链接性而且更脆弱，这叫心灵契约（心理契约），这是更加有意思的方面。

在未来，越脆弱的东西越有生命力。一块石头，旁边一块草，谁更脆弱？当然是草，但是草更有生命力。所以，找弱关系背后有生命力的地方，反而我们可以走得更远，因为这是心理的契约。

我们在茶馆中要保持一个点，进出是自由的。只要保证这一点，为什么要签合同？你唯一的风险是天机老师会骗你1111元的钱，难道我是冲着你的1111元去的吗？我只是用这种方式做人群的筛选。

在零摩擦中，很多人和另外行业做合作的时候，彼此之间的关系很难逾越过去，但是由于信息社会的存在非常简单。其实我们可以在任何行业做零摩擦的对接和交流，只要你决定就做这个行业和这个事，每个行业的切分或者是互动变成了零摩擦，不再是你所想象的样子。

零摩擦是因为我们彼此之间不需要有间隔和不信任，因为信任关系可以随时建立起来。这个社会会选择，而不会选择主动推荐。我们需要选择的是如何找到和你一样的人，前提是你认可你的产品。零摩擦的理念，做自己项目的时候，如何融合到业务中很关键。

我有一个朋友，父亲在两年前去世了，在家里有50亩的柑橘树，父亲留给他，但是自己没有时间去照看，第二年结了很多果，自己没有时间卖，于是想了一个办法，去送。橘子树都有名字，他一箱一箱地送柑橘，他在网上发布说：这是我爸爸的果园，我要送给你们。你们愿意给多少钱就给多少钱，如果不想给钱捐书也可以，这些书会全捐给爸爸的学校，如果不给钱或者是不捐书也没有关系，我就把这个免费分享给你们。

奇怪的是，在一个月之后他收到了50多万元的款，甚至高于批发果园的收入，而且在一个月之内，他爸爸当年所在的学校收到了2千多册书，并且重建了图书馆。他没有期望给他多少东西，而别人超过他的期望给了很多东西，这是零摩擦的新商业。这样的方式和以往的商业已经有些不一样了，因为这里背后不仅有温度，还有情怀，还有哲学。这个商业和未来是不一样的。

记住这三条：越封闭越开放；弱关系强链接；零摩擦新商业。

移动互联网对于商业逻辑和互联网带来的变化

第一，SO，这是人与人的链接成为商业要素之一的过程。

由于信息的变化，主动找到消费者非常困难，那么如何用被动的方式找人。什么叫被动营销？目前没有人写过书叫《被动营销》，而所有的商学院教的都是主动营销。怎么办？人是基于人与人链接的社交动物，人的互动可以再造商业系统，但是又不是微商，只要是主动的都会有问题，微信是封闭性的东西。

第二，LO，L是指地理位置，今天的地理位置可以再造非常多的商业性。

比如最典型的O2O的应用是打车软件，从这个地理位置把一个人放到另外一个地理位置，这是很纯粹的地理位置的生意。而且，由于有了地理位置的存在，打车软件才可能存在。我还记得在一年前的时候，我还用电话叫的士，后来有了滴滴快车之后，再也没有打电话。因为我的地理位置可以自动叫离我地理位置最近的车过来。因为这个事情，再造了市值百亿的公司。

依照这个逻辑，出现了N家公司，比如快的和滴滴、优步。为什么在全国滴滴比快的做得大呢？原因是什么？为什么人家的服务体验做得好？为什么这两年优步起来之后，它成为了行业里突飞猛进的公司，而且在全世界披荆斩棘，为什么？因为他就是做地理位置生意的人，非常纯粹。优步的背后有商业逻辑和产品的演化模式。

一个好产品，很容易覆盖掉所有的需求，不要以为只有物业和上门可以做O2O，没有物业，快递一样活得安心，一样可以把事情做完美。以前大家都埋怨，快递要送上门，不然我家没有人，于是处理掉了。所以每个问题市场都会去解决，你不解决无所谓，千万不要以为自己的东西可以自然地解决问题。

比如，有人做多方会议系统，微信中一个多人对讲系统，就干掉了多人会议中心的系统。有人说，我要做一套系统，老师和学生之间可以交流，或者医生和病人之间的系统。不用干了，微信已经涵盖了这些需求，他们用极简化的方式涵盖了千万种场景需求，你只是在那个场景中比他多一点点而已，但是没有办法，人格有千万种，场景有千万种，那个是产品的运营。移动互联网时代的产品运营可以干掉运营的产品，这个非常关键。

以优步为例，同样是打车，把滴滴干得半死，大家都做打车的事情，但是人家的产品很牛。原因是人家背后的产品思维是不一样的，快的和滴滴是有商业价值的产品。它是一个运营的产品，背后是支付宝或者微信，是为了养成大家支付宝支付和微信支付的习惯，所以才打起来的产品。

但是你们是否发现，用过优步的同学发现优步上连付款的环节都不需要，打完车直接走，系统自动付款。第二，同样在前端，当你打车的时候，快的和滴滴需要选择我从哪里出发到哪里去，在优步上你什么都不用选，只要点一下我要打车就可以了。为什么这个方式更好？快的和滴滴会选择你要去哪里，这个单接，那个单不接，比如去机场很多人不愿意带，因为效率会降低。而优步可以做到。这样社会的效率更快，信息可以有步骤地对应，优步有很强的商业逻辑和哲学逻辑，于是优步打遍天下无敌手。

第三，MO，是移动互联网手机。

手机是非常强大的东西，每个手机的传感器都是不可或缺的商业模式。每个手机上的功能都可能演变成一种商业模式。比如春晚的摇一摇，很简单的技术，语音识别。不同的电台放不同的声音，在后台就知道了。对着春晚摇一摇，时间同步就可以了。

目前，微信做得非常好，在微信中，只要到了某一个餐馆有蓝牙设备，摇一摇有一个周边的按钮，一摇优惠就会出来。现在支付宝做得更好，只要一到某个地方，周边店铺就出来了。这些背后还有很多传感器。

我们花了两年时间做了一个事情，只要天猫和淘宝商家，在输入商品的时候同步把商品二维码和条码输入进去，现在大家拿着手机扫一扫就可以看到产品。我们去年做了“码上淘”，通过二维码扫描可以买商品，与人交流，等等。我们做了很多尝试，扫一扫就可以完成很多商业模式。O2O是做单环节做所有的产品，所以不需要做这么多。

再看微信的摇一摇，是一个社交功能吗？只有天机老师这么无聊的人，才会摇手机，因为在找另外一个异性朋友聊天。你会发现，摇的人只有无聊的时候会摇。如果另外一个人也在摇，摇完之后就可以聊天。这是社交功能。另外又有地理位置，因为你在摇，他也在摇，一摇就知道他在哪里。第三，这里有传感器，你一摇就可以出来很多东西，比如陀螺仪会动，有声音，等等。

再往上走是云，或者是大数据，用来让人通过数据产生商业数据的价值。为什么数据这么重要？比如西装定制没有价值，但我们可以搞100万的生产数据，数据的价值大过一件衣服的价值，原因是什么？数据在场景中的价值非常重要。

再往上走就是全球化，你们所面对的天机不是一个人，因为他的背后有一套生态系统。我可以调动电子商务行业的资源。这是一个人厉害的地方，他成为了大家可以链接整个中国电商领域的一个渠道。不是只有我一个人可以链接这个渠道，很多人都可以。

但是大家在每个结点都可以接触到他背后的每个链接，这个世界变得非常有趣，一个人背后是一群的资源和产业的资源，背后是一种开放机制。大家思考问题的时候，不要思考自己会不会，只要你想到怎么做，一定找得到人帮你做，这个简单。如果没有想法，我们给你想法，有了想法，没有钱，我们可以帮你找钱，有了钱没有人，我们会帮你管理，或者市场帮你找到。

我们所有人都以信息技术的关键结点链接在这个网上，我们都是一个母体结点，每个人的结点都可以重塑一个新宇宙。这就是关键所在。所以后面是开放体系，一开始大家思考业务的时候，就要把脑袋打开，不要只有自己，你在和整个社会时代一起合作，或者在竞争。

记住这句话，你的合作伙伴和竞争对手都是这个时代，根本不是别人。

在这个时代，不要担心你的想法怎么怎么样，你要担心的是你是否跟上了这个时代，或者是你为时代抛弃了。

创业者和就业者的区别，就业者是会什么做什么，创业者是要什么学什么。互联网的人和传统企业的人思考方式不一样，传统企业思考方式是有什么，所以做什么。互联网的人是想要什么就有什么，只要做什么，就都可以找到做。这两个人的思考纬度完全不一样，这是开放式的思维。

所以有了**线上和线下**的说法，很多人提O2O的时候，根本没有前面的逻辑，这背后有7个关键点，它们是一体的，不是分裂的，它们是同时存在的。为什么这么多年的O2O，从2013年这么火爆，到今年没有这么火爆，大家看不懂O2O是什么。O2O只是所有移动互联网发展中的一个表象而已，无论是互联网+，还是

O2O，还是移动什么，无论是社交电商，还是本地化生活服务提供商，包括天猫下凡等等就是同一个东西，没有跳开这个东西，因为这个东西就是互联网，它同时存在所有的要素，只要考虑一个要素。连一个要素都没有考虑清楚，如何考虑7个要素都存在的商业。

我给大家一个案例，同样一个业务，当我们用不同的产品思维交流的时候感觉完全不一样。

三板斧现场

有一个团贷网，是88年的年青人创立的，被一家上市公司收购，他套现了12个亿，搞了一个P2P，前两年是地下钱庄。有人要借款，他就给这个人做审核，审核之后，把房产和汽车做抵押，主要是这么简单的事情。抵押完之后，开始把东西发出来，于是有人在里面投资了。去年做了18亿元，但是只能在广州、东莞和深圳三个地方做。

后来思考的地方是你我金融，可以把他的业务做得面目全非，妙笔生花。还是P2P和这个产业，以前他们做中小企业贷款，只能在当地做，后来我们说，不要做中小企业贷款了，我们做消费贷款，就做5千块钱的消费贷款，超过一万的很少。原因是什么？人家要借几百万一定要有专业的人控风险，如果一个人借1万块钱如何派人审核？这里根本不能赚钱。于是当做小额贷款的时候，不需要专职人员，一个简单的人就可以了，只要经过培训就可以。他们用兼职做所有的培训，于是社交来了。每个产业在发展的过程中，会有一个岗位冒出来，要不是这个岗位以前不被人重视，或者这个岗位是新的。以前河狸家做美甲的时候，最不重视美甲的小妹，后来成为了产业的主人。有人要借款，但是不知道他的信誉，不敢借款。于是多了一个调查人，他会对这个人进行调查，用公司教他的方法去做。一个贷款的人很难积累信用，但是净调人在最近的三个月已经为13笔借款做了担保和调查。他的信誉可以一直往上涨，他的数据可以增长。

这个公司在杭州，而杭州没有开分公司，但我们的附近可能有人要借钱，我不知道他是谁，离我9公里有人要借1000块钱，担保费有10%，今后12个月还清。这个很有趣，因为他用了LBS。那么如何控制风险？这里有很多方法。除了常规的调查，当你要最后做借钱的决定之前，把你的手机给我看一下你的微信朋友圈和群。如果一看你的群都是大佬群，或者是投资群，那么马上就有人借钱给你了。人家主要看你的朋友是谁，而无所谓房产或者汽车。反而这种天天有朋友圈的人可能是最值得信任的人。他们是这样看的，他们是用互联网的思路寻找如何进行风险控制。在我们的帮助下，这个小小的软件三个月之后价值三千万美金，别人要投资的话需要三千万美金，而且现在有人出估值5个亿要买他的控股权，但是他们不卖。

我们做事情的时候，会发现行业里每个环节都在发生巨大的变化。之前的概念是零摩擦、新商业。所有的产业都在迅速地对接，在跨界。你会发现，你不知道你的竞争对手哪里来，不知道他干什么，也不知道他是如何帮你的。我们要知道每个环节到底如何打磨出来。重要的不是你们有什么想法，你们要干什么。你要思考清楚，干这个事情的背后有多少环节？每个环节是否打造得天衣无缝？每个环节都找到基于场景的方法。

看看河狸家，一家做美甲店的老板没有想到被一个卖牛肉面的人打死了。如何做硬件和工具的改造？以往的美甲是一个小袋子，后来变成一个箱子，里面有很多工具。另外做原料的改造，人家把美甲店的有害物质全产业去掉，而且和电影合作，做《灰姑娘》的指甲。第三，如何把合作伙伴培训好，帮助他们成长，他们不仅教员工如何刷指甲油，还教员工心理学，以及带员工看电影《灰姑娘》，如果不看电影，她们怎么给别人介绍《灰姑娘》的指甲。

除此以外，他们还做一个平台APP，你可以自由地和美甲师之间做交流，跳开所有的店铺，把店铺全部改革了。为什么线下生存得这么辛苦？不要简单地救一条死鱼，要做新市场。如果你们的产业正在萎缩，除非你有信心，否则不要拿地，就像股票到今天还没有复苏的时候，就等一等。

我有一个朋友叫小麦，他在北京的星巴克喝咖啡时，忽然涌现了一个想法。每年中秋节都收到很多月饼，其实自己根本不喜欢，但中秋节只能送月饼，于是他想了一个办法。下次送中秋节礼品的时候，不送月饼，送给你10个不同的产品，自己任意挑，反正价格都一样，但是没有月饼。于是他创立了自己的公司，叫芭莎礼品网。他做了一年多，一共四五千万元，就这样一个简单的想法。但是做了一年之后，有一个很牛的世界500强的CEO说：小麦，我要收购你的公司，花500万，占51%的股份。小麦说：估值这么低啊？他说：对，就这么点。什么意思？如果你不卖给我，我明天用5000万做一家和你一模一样的公司，找一个比你更厉害的人和你竞争。你的客户我都认识，他们的订单我全部拿过来。小麦害怕死了，这么牛的人和我这个小屁孩竞争，我怎么活？他很担心。但是他又舍不得卖。后来咬咬牙说：要死就死得畅快一点，就是不卖。果然三个月之后，那个大老板做了和他一模一样的公司，价格比他低20%，而且那个人的关系硬很多，一下子把客户抢走了，小麦确实感觉到了生存压力。但是做了一年之后，大公司关门了，而他活得越来越好。这凭什么？他说：凭我对这件事情的热爱，而不是凭我的价格低。他说，我的一部分客户确实被他抢走了，但是那些喜欢我的客户非常支持我。第二个地方是，凭我的用心。同样一个公司买一个礼品，他的礼品卡和我的礼品卡设计不一样，我可以个性化地设计，对方就不能。我知道客户家里是否有小孩，我在设计的时候可以多送一样东西，他就不能。我比他更用心。

他后来告诉我说：凭我的情怀和用心。后来这家公司死得很简单，他们把他当成赚钱的业务，而小麦把它当做终身的事业，这个完全不一样。

现在我开玩笑说：我们要做一家小小茶馆，让BAT都颤抖。未来的世界原来是这样子的，让王健林吓一跳，一个400平米的茶馆搞掉了一个万达，那才真牛。

MOT（关键时刻）

MOT（关键时刻）是做项目、流程和做所有事情的关键方法。

北欧航空公司，生意很差，后来来了一个管理者，出了一套方案叫关键时刻，把他们公司只要可能和客户接触的时间点都称之为关键时刻。

比如客户在查找机票，或者客户在咨询机票，或者客户打电话给你的公司，或者客户在取机票，或者客户在安检，或者客户从你的楼梯里下来，或者客户坐下来的第一时间看到门口放的东西，或者在上厕所，或者是吃饭，等等所有的环节都称之为关键时刻。他们用这个方法让自己的员工去梳理，发现一个客户可能会跟航空公司接触的关键时刻一共有14个方面，128个关键点。然后把128个关键点拆分出来，做成项目，给到128个小团队，这些小团队就只有一个任务，这个时间点对于这一个环节做不停地改善，主要做这样的事情。两年之后，这家公司的服务、这家航空公司天下无敌，就做一件事情，做得非常好！

我上次去雕爷家吃饭，和雕爷谈得很开心，忽然间雕爷一拍桌说：小二，你过来。店长问：什么事情？雕爷说：你有没有发现，我喝水的杯子和天机喝水的杯子是一样的杯子。我说：这不是很正常吗？你们喝水的杯子不是都一样吗。他在喝水的时候聊得很开心，忽然间拿起我的杯子喝了一口水。一放下来的时候，发现他的杯子在旁边，他说：我恶心一辈子。

杯子是很简单的环节，薛蟠烤串是雕爷的公司，人家都是端着10个杯子来让你挑杯子的，变得很好玩，而且一个包房里不能出现两个一模一样的杯子，因为有可能会拿错杯子。不仅如此，他还把总监叫过来：你知道犯什么错误了吗？他说：知道。雕爷问：我们店里有多少杯子？他说：500个。雕爷说：天下难道买不到500个不一样的杯子吗？他说：买得到。那么一个星期之内买500个不同的杯子，从此不可能在一个包房出现两个同样的杯子。人家是这么做事的。

三只松鼠，从你拿到包裹开始，上面是写给邮递员的字条。打开之后，买一袋送10袋，每个样品都给你。吃的时候连夹子都给你了，知道你吃不完，而且扔垃圾的袋子就给你准备好了。

一个企业做互联网转型和O2O转型的时候有八个模块非常重要，分别是：组织变革、管理机构变革，这是初级阶段；第二，系统改造；第三，店铺的运营，线上线下如何用；下一个环节是数据报表，如何看数据，如何让每一天都有数据；剩下的模块是营销、会员、支付、商品。所有这八个模块在项目中如何表现出来，这是你们胜负的关键。

附加说明

书中部分图片因为联系不到原作者，如果您是图片作者，请联系我们info@dozan.cn，以奉稿酬。